京のまつりと祈り

みやこの四季をめぐる民俗

八木透

昭和堂

祇園祭鶏鉾

祇園祭長刀鉾の稚児（井上成哉氏提供）

祇園祭綾傘鉾の太鼓打ち

鳥居形送り火の種火

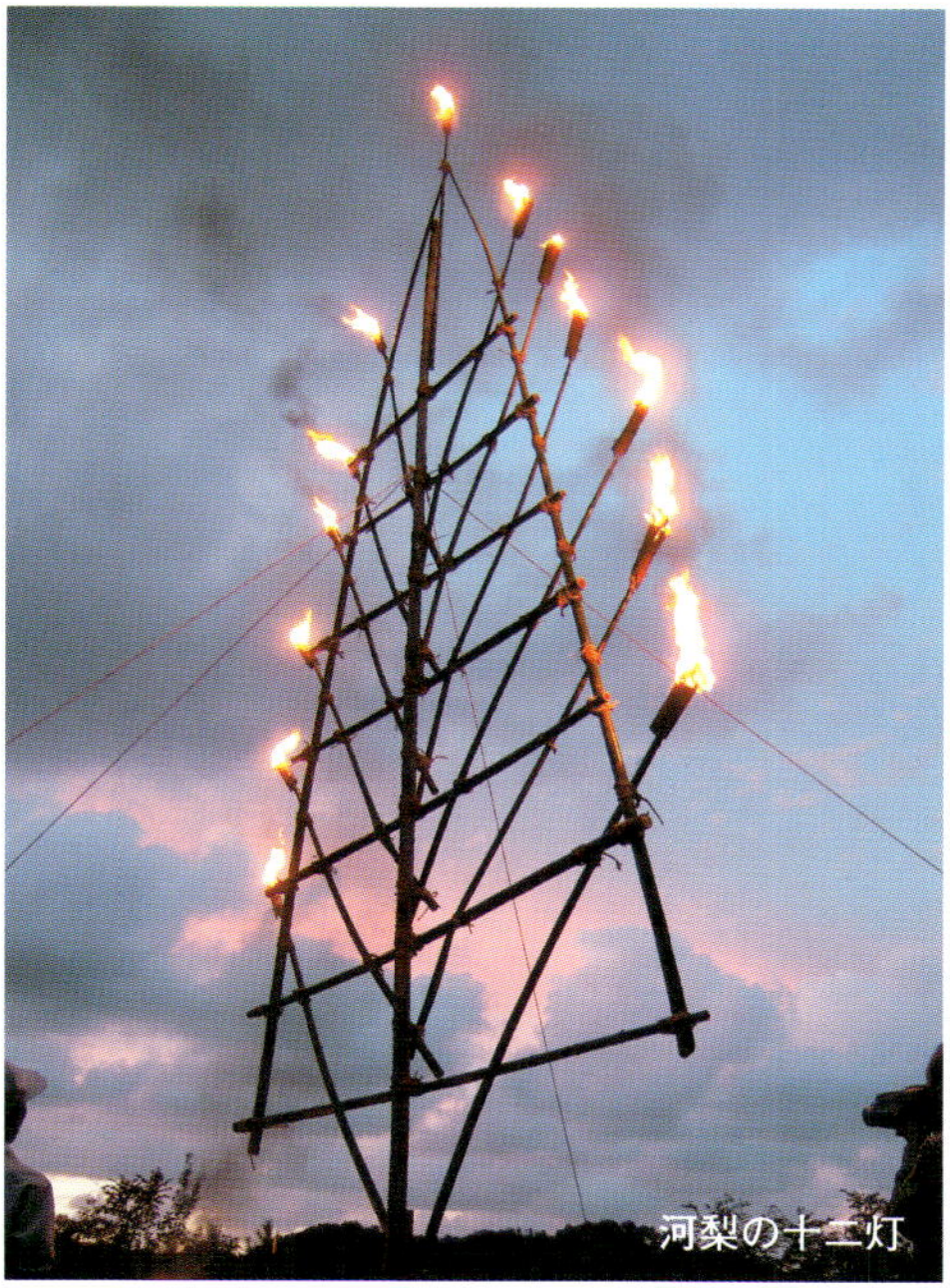
河梨の十二灯

愛宕神社本殿（出水伯明氏提供）

地蔵盆の数珠くり

鞍馬の剣鉾（福持昌之氏提供）

了徳寺の大根焚

目次

はじめに

日本で、京のまちほど寒暖の差が激しい土地はないのではなかろうか。冬の底冷えから夏の酷暑まで、想像を絶するような温度差がある。それだけに、束の間の春と秋は、ひときわその魅力が増す。本当に京の四季は厳しいながら、実に美しい。

一昔前、京にくらす人たちは、現代人と比べて季節をずいぶん先取りしていたようだ。それはいわゆる「旧暦」の季節観を見ればすぐにわかる。旧暦では正月から春とされる。年賀で「初春」という語をよく用いるのはそのためである。しかし考えてみると、旧正月は新暦では二月初旬だ。実際にはまだとうてい春といえるような季節ではない。極寒の最中である。それでも、凍てつくような寒さの中にも、吹く風にふと春の気配を察し、やがて来る桜花の季節に思いを馳せ、人々は五感で春を感じていたのだろう。

旧正月が過ぎれば春とはいえ、実際は雪が舞う日も多い。夕刻から雪が降り続き、夜半から晴れてくると、放射冷却で翌朝の京のまちは完全に凍てつく。家々の屋根はうっすらと雪化粧し、道路も一面白一色となる。こんな朝は京を取り囲む山々を眺めてみるといい。東の如意ヶ岳《にょいがたけ》では真白な「大」の文字がくっきりと浮かび上がり、西の愛宕山では綿毛に白粉を振りかけたような光景が目に入るだろう。

旧三月は桜花の季節である。ある日気温が一気に上昇し、春は突然やってくる。京のまちはそれまでの澄みきった透明感から、今度はぼんやりとした陽気に包まれる。花吹雪舞う一日ならなおよいが、桜花が散った後もまた風情がある。訳もないのになぜか憂鬱《ゆううつ》、情緒不安定になることがある。京の春の気がなす悪戯か。

旧四月の京は春まつりの季節である。わが国最古のまつりとされる賀茂祭、通称「葵祭」は旧四月の酉の日に行なわれていた。賀茂祭が終わればようやく天候は安定し、京の周りは新緑の爽やかな季節を迎える。

祇園祭では、かつては旧六月七日に神幸祭が、十四日に還幸祭が行なわれていた。この時期には必ず雨が降る。祇園祭が終われば京のまちには夏空が広がり、毎日のように猛暑日が続くようになる。しかししばらくすると、夕刻から宵にかけて雷鳴が轟《とどろ》き、滝のような夕立に見舞われるようになる。そうなれば、もう秋は近い。

京の盆の最後を飾るのは五山送り火である。旧暦の時代、送り火の炎が燃え尽きる頃、東の空には十六夜の月がぽっかりと浮かんだという。そしてやがて、月がもっとも美しい季節がやってくる。空は高く澄み、空気も夏と比べるといささか軽く感じる。夏の暑さゆえに、この季節のありがたさがひしひしと染みわたる。木々は少しずつ色づいてゆき、どこへ出かけても、身体の隅から隅、心の中まで透き通ってくる。

霜月になれば、まちのあちらこちらで御火焚《おひたき》が行なわれる。火の温もりが恋しくなる季節、子どもたちは近所の社寺をめぐり、焼きみかんや御火焚饅頭《まんじゅう》をもらい歩く。

葉を落とした街路樹が寒々と立ち並び、時折冷たい雨が落ちてくることもある。昼が一番短くなる季節。しかし空気は凛と張り詰めて、身も心も引き締まる想いがする。そして町々では寒空の下、一年の垢を落とすべく大掃除に精を出す人々が目に入るようになる。やがてめぐりくる新春の準備が、また始まる。

本書を手にしていただいた読者諸氏は、書中で紹介するさまざまなまつりや行事は、基本的には旧暦で行なわれていたことを想定して叙述されていることを前提として、できれば、旧暦の感覚で季節を感じていただきたい。

京のまちの魅力。それは、まず広すぎず、狭すぎず。空間的にも山あり、川あり、盛り場ありと、変化に富んでいること。さらに何よりも、千余年の歴史を有するがゆえに、数え切れない人々の喜怒哀楽《きどあいらく》が、情念と愛憎が渦巻いていることだろう。その意味で、京のまちには、すべてにおいてハレとケがバランスよく配列されている。花街を行き交う芸舞妓たちの姿が、社寺へ通じる趣ある小道が、見事にハレを演出する一方で、まち中には、どこにでもある雑踏と何の変哲もない庶民のくらす下町がある。この一種のアンバランスさが、ひいては京のまちの魅力を醸し出し、外国の人たちを含めた、多くの観光客を惹きつけるのではないだろうか。

京のハレの象徴がまつりである。まつりは人と神仏とが交感する機会でもあり、また、人々がふと立ち止まって過去を振り返り、自らを真摯に省みる時でもある。さらにまつりには、必ずそれぞれの季節ごとの意味付けがなされている。春には春の、秋には秋の、その季節ならではの祈りや願いが込められているのである。そのような、個々のまつりや行事の裏側に秘められた意味と、そこに込められた人々の願いを、民俗学の視座から読み解くことが、本書の第一の目的である。

本書は、基本的に京のまつりや行事に興味を持つすべての人に紐解いていただきたい書物である。さらに、「京都学」等という名により、京の歴史や民俗、文化について学ばんとする大学生諸氏にも、ぜひ読んでもらいたい。大学の講義のテキストとしても活用いただけるなら、誠にありがたいことである。

京のまつりや行事について、歴史学や民俗学の立場から書かれた書物は多い。しかし、京の四季の移ろいを踏まえ、それぞれの季節に行なわれるまつりや行事の民俗的意味について、深く分け入った書物は意外と少ないように思う。本書が、今までと比べて、少しだけディープに京のことを知りたいと思う人たちの知的好奇心を、いささかでも満足させられることができるなら、著者としてそれ以上の喜びはない。

著　者

序章　京の四季とまつり——水と火をめぐる民俗信仰

一　春から夏のまつりと水の信仰

京には、四季それぞれに伝統あるまつりや行事がひしめき合っている。中には葵祭や祇園祭のように、全国にその名を知られた著名なまつりもあれば、一方では、人知れずひっそりと行なわれている行事もある。しかしそれらはすべて、千年の古都にくらす人々の祈りの表象であることは間違いない。

一年を通して京のまつりや行事を概観してみると、春から夏にかけて行なわれるまつりには、水をめぐる信仰が随所に見え隠れしていることに気づく。それは、一つには田植の季節である春先に豊かな水を求めた古代人の想いと、もう一つには、梅雨時の河川の氾濫と疫病流行への不安、さらに水に対する畏怖の念の表象として、古い時代には京の都の水を差配することを目的として、種々のまつりが行なわれていたことを示唆するものではないかと思われる。著名な葵祭や祇園祭はその象徴であり、京の春から夏のまつりを代表する二大祭礼は、根底に庶民の切実なる「水への想い」を隠し持つまつりであると考えることができる。

葵祭、正式名称賀茂祭は、日本最古のまつりといわれる。平安時代には「まつり」といえば「賀茂祭」を指したという。賀茂祭の起源について『山城国風土記』逸文によれば、六世紀の欽明天皇の時代に、天候不順によって作物の生育が悪く、大凶作にて農民たちが憂い悲しんでいることを察した天皇が神官に占わせたところ、賀茂大神の祟りであることがわかった。ただちに賀茂大神の祭祀を盛大に行なった結果、天候が回復して、また五穀が無事に実り豊作となった。それ以来、賀茂大神は祈雨《きう》・止《し》雨《う》、河川の治水、さらに農業、諸産業の守護神として崇敬を集めるようになったといわれている。

賀茂大神を祀るのが上と下の賀茂社、すなわち今日の上賀茂神社と下鴨神社である。上賀茂神社は正式名称賀茂別雷《わけいかずち》神社といい、その祭神は雷神である。古来雷神が龍神としてもイメージされてきたように、雷は雨をもたらす力を有している。このような強いエネルギーを持つ雷神は、農作物の豊饒をもたらす農耕神でもあるといえよう。『山城国風土記』逸文によれば、賀茂氏の始祖とされる賀茂建角身命《たてつのみのみこと》の娘の玉《たま》依日売《よりひめ》が、賀茂川畔で戯れていたところ、上流から美しい丹塗矢《にぬりのや》が流れてきたので、日売がその矢を持ち帰って寝床に置いたところ、翌朝懐妊し、その結果産まれたのが賀茂別雷命であると記されている。この丹塗矢の正体は、山の神であるとも伝えられている。この神の出生はまさに水と深く関わっている。すなわち水源で祀られる山の神と、下流で水の神を祀る巫女、つまり玉依日売との結婚によって産まれた神が「賀茂別雷命」であり、そこには基本的な性格として水の神としての神格が備わっているといえる。またこの神は成人すると、屋根を突き破って天に昇ったとも伝えられており、これは雷神としての放電をイメージさせるものでもある。一方賀茂御祖《みおや》神社、すなわち下鴨神社には、玉依日売とその父の賀茂建角身命が祀られている。

以上のことから、賀茂祭は一種の農耕祭礼であり、その基盤には明らかに水の信仰が存在することがわかる。ところで、下鴨神社の南に広がる糺《ただす》の森は、古来清らかな水が湧き出る京の水源である。ここは賀茂川と高野川の合流点にあたり、今日でも滾々と地下水が湧き出ている。そのような場所に祀られた神は、まさに水源神だといえるだろう。

一方、祇園祭は平安期以降千年余の時空を超えて現在に繋がっている。気の遠くなりそうな時間の中で、祭事そのものは大きな変化を示してきた。しかし今日の祇園祭も、やはり水への想いに彩られたまつりであることに変わりはない。その具体例については次章で詳述するが、ここではその一部を紹介しておこう。

祇園祭といえば、多くの人は山鉾のまつりだとイメージされるだろうが、本来祇園祭の最重要部分は山鉾ではなく神輿《みこし》である。七月十七日に行なわれる前まつりの山鉾巡行が終了した夕刻に、八坂神社から三基の神輿が出て御旅所《おたびしょ》へ渡御《とぎょ》する。そして二十四日の後まつりで、神輿は御旅所から八坂神社へ還る。神輿の渡御、つまり本社から御旅所へ神が移動すること、これが祇園祭でもっとも重要な神事である。

平安時代には京の市中に二カ所の御旅所が作られた。一つは大政所《おおまんどころ》御旅所で、もう一つが少将井《しょうしょうい》御旅所である。古くは三基の神輿のうち西御座の神輿が少将井御旅所へ渡御した。この御旅所には、その名の通り「少将井」とよばれる名井があった。平安後期に都で疫病が流行った時、特定の井戸水を飲むことで病を癒すとの信仰が起こり、それが霊水信仰として広まってゆく。少将井の信仰も霊水信仰の一例であったと思われる。やがて豊臣秀吉が二カ所の御旅所を今の寺町四条の御旅所に統合し、少将井御旅所は廃止された。しかしそれ以前は「少将井」という霊水の湧く井戸があり、そこへ祇園社の神輿が渡御したという事実は、水と祇園祭の深い関わりを示す一事例だといえるだろう。

また、大勢の観光客で賑わう宵山に先立ち、七月十日には神輿洗いが行なわれる。これは、八坂神社から中御座の神輿が四条大橋の上まで引き出され、そこで鴨川の水を汲み上げて神輿に振りかける神事を指す。神輿洗いの意味は、まつりに先立って鴨川の水で神輿を清める、禊《みそ》ぎの儀礼だと説明されている。ところが神輿洗いはもう一度行なわれる。それは七月二十八日である。神の旅程は二十四日で完了しているにもかかわらず、その四日後に再び神輿洗いを行なうのはなぜなのか。

そもそも鴨川の水を汲み上げることは、鴨川の神を神輿に乗り移らせることに意味があるのではないか。それが十日の神輿洗いである。そしてまつりが終わり、神輿に乗っていた川の神を再び鴨川へお返しする儀礼が二十八日の神輿洗いなのではないのだろうか。このように考えることによって、二度行なわれる神輿洗いの本来の意味が見えてくるように思う。ならば祇園祭は鴨川の神、すなわち川神（水神）を迎えて行なわれるべきまつりだったことになる。神輿洗いは、まさに川神祭祀としての祇園御霊会を今に伝える事例だといえるだろう。

二　秋から冬のまつりと火の信仰

春から夏のまつりが水をめぐる信仰と深く関わっているとすれば、秋から冬の時期に行なわれるまつりには、火をめぐる信仰が見え隠れしているように思う。では水から火への転換は、何時を契機として行なわれるのだろうか。筆者は、それは盆の期間ではないかと考えている。すなわち、京の盆の精霊迎えである六道《ろくどう》参りにおいては、水回向《えこう》やあの世との通路とされる井戸の伝承など、水との深い関わりが見られる。しかし、精霊送りとしての五山送り火において、はじめて火が表に登場するのである。この盆の期間に、水から火への転換が行なわれたといえるのではないだろうか。

ところで、火は貴重な恵みを私たちに与えてくれる、くらしに必要不可欠な存在ではあるが、一方ですべてのものを焼き滅ぼしてしまう、恐ろしい力を持った魔物でもある。火は恩恵と脅威という、相反する特性を併せ持った存在として、これまでの歴史の中で、人間の前にたびたび難題を突きつけてきた。特に前近代における〝大火〟と称せられた大規模な火災では、人々は火の脅威を目の当たりにし、尊い命や文化が無残に失われた。たとえば近世の京都では、宝永・享保・天明という三度の大火事が発生しており、中でも天明八年（一七八八）に起きた大火では、京都の市中のほとんどの家屋が焼き尽くされたと伝えられている。このような火の脅威に対して、人間はいかなる神に何を祈り、またどのような対処を試みてきたのだろうか。

京都における火の信仰、特に火伏《ひぶ》せの信仰といえば、誰もが愛宕山《あたご》を思い出すだろう。京都市の北西、戌亥《いぬい》の方向にひときわ高く聳《そび》える山が見える。それが愛宕山である。愛宕山の標高は九百二十四メートルで、かつての山城国と丹波国の国境に位置し、京都市内から臨める山々の中では最高峰である。愛宕信仰は早くに神仏習合をとげ、中世以降は勝軍地蔵がその本地仏として崇敬されるようになった。愛宕信仰は愛宕山に集まった多くの修験者たちによって各地に広められ、民間では火伏せの神、また境界を守る塞の神《さえのかみ》として広く信仰されている。戦国期には、勝軍地蔵を尊崇する者は戦で勝利を得るといわれ、特に戦国武将たちにその信仰が広まった。

近世に入ると、愛宕は一般庶民の間では竈に祀られる火の神として信仰を集めるようになる。「阿多古祀符《あたごしふ》　火廼要慎《ひのようじん》」と記された火伏せの護符と、愛宕の神花である「樒《しきみ》」を持ち帰って火災から免れることを願った。その信仰は現在まで生き続けている。盆の後、京都市北部の山村で行なわれる松上げは、愛宕信仰に根ざした火伏せを祈るまつりである。

ほかにも愛宕信仰と直接には繋がらないが、十月に行なわれる鞍馬火まつり、十一月に市内のあちらこちらで行なわれる「御火焚」や十二月の「大根焚」は、京都の秋から冬を代表する火まつりである。そして大晦日の「白朮《おけら》参り」に至るまで、秋から冬にかけては、火に関わるまつりが実に多いことに気づく。これらの火まつりは、京都の人々の中に古くから息づく素朴な火への信仰の表象にほかならない。

以上のように、京の年間を通して行なわれる種々のまつりについて、筆者は水および火の信仰という視座から分析を試みることにより、京のまつりや諸行事の民俗的意味を、今まで以上に明確に読み解くことができるのではないかと考えている。よって次章以降は、個々の具体的な祭事を取り上げながら、その背後に見え隠れする庶民信仰の諸相と、まつりを支えてきた人々の切なる祈りの心について考えてみたい。

第一章　祇園祭——御霊信仰と風流の今昔

一　はじめに

「祇園祭」といえば、誰もが京の街角を埋めつくす人たちでごったがえす宵山のどよめきと、総数三十三基の山鉾が都大路を練り歩く、華麗な山鉾巡行を想い起こすだろう。また山鉾をきらびやかに飾る外国産の織物なども見る者たちを魅了する。まつりの表舞台に登場する山鉾や世界の芸術品はまつりを豪華に、また華やかに飾っている。これらはいうならば祇園祭の〝表〟の顔であり、人々はそこにこのまつりの意義を見出し、ハレの空間と化した都大路でまつり気分に酔いしれる。そのような人たちは、祇園祭は七月一日の吉符入《きっぷい》りから月末の神事済奉告祭《すみほうこくさい》まで、一カ月にわたって行なわれる祭礼であり、またこのまつりはもともと、都に疫病をもたらす荒ぶる霊魂を慰撫することを目的とした、いわゆる「御霊会《ごりょうえ》」であることすらも知らないのではないだろうか。祇園祭は、山鉾とそれを取り巻く華やかなイメージゆえに表の部分のみが強調され、それ以外の部分があまりにも置き去りにされているように感じる。

祇園祭はいつ頃、どのような経緯で始まったのだろうか。また祇園祭は正確には「祇園御霊会」というが、「御霊会」とはどういう意味なのか。祇園祭をより深く知るためには、その創始と変遷の歴史を紐解いてみる必要があろう。

二　御霊信仰と牛頭天王

京では、どちらかといえば大きなまつりは春から夏に集中している。これは他地域における一般的な年中行事のサイクルとは若干性格を異にする。日本では一般に、農耕のサイクルによって年中行事が構成され、その結果、春の田植え前と秋の収穫後に大きな祭礼が営まれることが多い。特にその年の豊作を感謝し、翌年の豊饒を祈願する意味で、秋の農作業が一段落する時期に最も盛大にまつりが行なわれるケースがしばしば見られる。では、京における祭のサイクルはいったい何に基づくものなのか。

それは一口でいうならば、「御霊信仰」の影響を濃厚に受けているためと思われる。御霊とは、非業の死をとげ、その結果この世に未練や恨みを持つ死者の霊魂を意味する。平安時代の御霊で有名なのは菅原道真だが、道真以前にもたとえば桓武天皇の弟の早良《さわら》親王（崇道《すどう》天皇）、桓武天皇の皇子である伊予親王などが御霊であると信じられていた。このような御霊が恨みをはらすために人々に疫病を振りまくということから、それらの荒ぶる霊魂を歓待し、慰撫することによって災厄をもたらさぬように神の世界へ送るための祭礼が「御霊会」である。このような御霊信仰が平安時代には牛頭天王《ごずてんのう》のまつりと習合し、祇園御霊会として定着してゆく。

牛頭天王はインドでは祇園精舎の守護神とされているが、日本に移入されてからは、御霊信仰と結びついていわゆる疫神とみなされるようになり、この神を祀れば疫病やその他の災厄から免れることができるとして、広く民間に普及した。このような御霊信仰は、日本では「風流《ふりゅう》」を伴った華やかな数々のまつりを生み出した。ここでいう風流とは、まつりの時に登場する趣向をこらした作り物、化装、練り物、囃子《はやし》物、歌踊などを指す。祇園祭の山鉾や種々の芸能はすべて風流の代表である。京のこれらのまつりは、春に桜の花が散り始める頃から初夏にかけて京のまちに疫病を撒きちらす疫神を、さまざまな芸能や歌舞を披露することによって鎮め、送ることを目的として行なわれるものである。

四月（旧暦三月）に行なわれる今宮《いまみや》神社の「やすらい花」もその一つで、疫病神としての花の霊を鎮めるという意味から、〝鎮花のまつり〟ともいわれている。また五月（旧暦四月）に行なわれる上御霊《かみごりょう》神社と下御霊《しもごりょう》神社の祭礼も、その神社名が示す通り、御霊信仰に基づくまつりである。

春から夏前の時期に御霊会が行なわれるのは、この頃が一番疫病の流行しやすい季節であったからである。現在でも六月から七月の梅雨明けするまでの時期は、もっとも食中毒や伝染病が流行りやすい時期である。またこのことは梅雨の集中豪雨による河川の氾濫《はんらん》とも関係がある。すなわち、鴨川や桂川などの京の河川は、かつてはよく氾濫した。河川の氾濫は水害であると同時に、その後には伝染病の流行という二次的な被害をもたらすことは今も知れたことである。つまり、天災による災厄と疫病の流行とは、常に一体のものであり、ゆえにこのような時期に、災厄や疫病の招来の根源とされている御霊を祀り、京の町の平安を祈願したのである。

三　祇園御霊会の始まり

平安京において御霊会がいつ頃始まったかについては諸説があり、明確な時期は不明である。平安時代に編まれた歴史書である『日本三代実録』には、貞観《じょうがん》五年（八六三）

の春以来疫病が流行して多数の死者が出たことから、五月に神泉苑《しんせんえん》にて朝廷主催の御霊会が盛大に行なわれたことが記されており、これが文献に登場する御霊会としては初出である。また祇園社の社伝によれば、貞観十一年（八六九）にも都に疫病が流行して多数の死者が出たので、この時は日本六十六カ国の鉾を作って、神泉苑で牛頭天王を祀って泉へ送ったといわれている。その後も紫野船岡《むらさきのふなおか》、衣笠、出雲路《いずもじ》などで不定期に御霊会が行なわれたようである。これらの場所は、神泉苑を除けばいずれも平安京のすぐ外側の地で、かつ背後に葬地を控えた場所であったという共通性が見られる。そもそも御霊会とは疫病の原因とされた御霊たちを集め、趣向を凝らした風流によって歓待・慰撫し、最終的には都の外へ丁重に送り出すことが目的であったのだから、都の周縁の境界とも称すべき場所で御霊会が行なわれたのは当然のことだといえる。しかし、平安時代にたびたび御霊会が行なわれた神泉苑だけは例外である。

神泉苑は御霊会を行なうにあたり、たいそう重要な意味を有する場所であったようだ。そもそも神泉苑とはどのような場所なのか。神泉苑は平安京造営とともに自然の泉を活用し整備された、いわば朝廷が管轄する広大な泉であり、天皇や貴族の遊行の地でもあった。弘法大師が善女竜王を神泉苑に勧請して雨乞いを行なったことでも知られている。徳川家康が二条城を築城する以前は、今日の十倍以上の広さがあったともいわれている。日照りが続いて京中の井戸が涸れても、神泉苑の泉だけは涸れることがなかったと伝えられている。

ところで、平安京の地下には想像を絶するような膨大な水が蓄えられ、それが悠久の昔より、北東方向から南西方向へ静かに流れているという。その地下水脈の上に、下鴨神社、今日の京都御所、そして神泉苑があるとされている。つまり神泉苑は、地下水が湧き出る洛中では最後の場所であり、朝廷にとって水の聖地ともいうべき大切な場所だったのである。地下水は神泉苑でいったん地上に湧き出るが、水脈の本流はそのまま南西へ流れ、やがて天王山の麓で淀川に合流し、そのまま難波《なにわ》の海へと流れ込む。ということは、神泉苑で御霊会を行なうことは、慰撫され怒りを鎮めた御霊たちをそのまま川下の彼方へ送ることができたのである。すなわち神泉苑は、立地としては洛中のど真ん中、平安京ができた当初の内裏のすぐ傍であるにもかかわらず、御霊会を行なうにふさわしい場所だったのである。神泉苑でたびたび御霊会が行なわれた所以はそこにあると考えられる。

さて話題を軌道修正しよう。いわゆる臨時祭として行なわれてきた御霊会が、祇園

現在の八坂神社御旅所

という地に固定され、また定期的に行なわれるようになるのはいつ頃からなのか。それについても明確な年代は不明であるが、おそらく平安時代後期の十世紀末から十一世紀頃には、牛頭天王を祀る神仏習合の社殿としての祇園社が成立し、ほぼ同じ時期に祇園御霊会が年中行事として定着したであろうと考えられている。

ところで、祇園御霊会の創始と深く関係するのはいわゆる「御旅所」の創設である。御旅所とは、祭神が一年のある期間に限って本社からそこに移されて滞在するための社を意味する。祇園社では十世紀末頃に大政所《おおまんどころ》御旅所と少将《しょうしょう》井《い》御旅所の二カ所の御旅所がいずれも都の市中に作られた。そしてこの頃には、東御座・中御座・西御座という三基の神輿が祇園社から出て、東と中の二基の神輿は大政所御旅所へ、西の神輿は少将井御旅所へ渡御するという形式が整えられた。今日の八坂神社の御旅所は、四条寺町一カ所だけであるが、それは天正十九年（一五九一）に豊臣秀吉が御旅所を現在の地に移したためであり、それ以前は三基の神輿は分かれて二カ所の御旅所へ渡御していたのである。

祇園祭の祭日に関しては、今日の祇園祭は、「前まつり」では七月十四日から十六日までの宵山を経て、十七日が山鉾巡行、さらに七月二十四日が俗にいう「後まつり」だが、かつて明治以前は旧暦六月七日が神幸祭（前まつり）、六月十四日が還幸祭（後まつり）という日程で行なわれていた。つまり神幸祭に三基の神輿が祇園社を出て御旅所まで行き、還幸祭にまた祇園社まで帰るという形式を取っていた。このような祭日はおそらく平安末期から明治の改暦まで実施されていた。しかし祭日は変わったものの、今日でも十七日の山鉾巡行が終わった後には、八坂神社から三基の神輿が出て御旅所まで渡御し、二十四日に再び八坂神社へ帰るという形式は頑《かたく》なに守られているのである。

なお神輿に神を乗せて御旅所へ移し、一定期間を経てまた本社に戻すというまつりの形式を「御旅所祭礼」という。今日では全国どこにでも見られるまつりの形だが、実はこのようなまつりは祇園御霊会が最初であるといわれている。ならば御旅所祭礼の持つ意味は何なのだろうか。

四　御旅所祭礼とちまきの民俗的意味

大政所御旅所や少将井御旅所は洛中にあり、特に人々が住むエリアのすぐ近くに作られた。それはつまり、平安京の人々は祇園社の祭神である牛頭天王という神を、毎年わざわざ自分たちの生活領域の近くに招いて祀っていたことになる。ただでさえ疫病が蔓延《まんえん》しやすい季節に、あえて疫神の象徴ともいえる牛頭天王を招く理由は何か。筆者は、それはおそらく牛頭天王の持つ強大なパワーに頼って、都に疫病を撒きちらす種々の御霊たちを撃退しようとしたのではないかと考えている。このような説を、筆者は「牛頭天王用心棒説」とよぶ。その背後にあるのは、牛頭天王と蘇民将来《そみんしょうらい》をめぐる伝承だと思われる。

それは昔、牛頭天王が南海へ赴く途中に日が暮れ、ある村で一夜の宿を求めた。裕福な巨旦《こたん》将来という者は牛頭たち一行を門前払いするが、貧しい蘇民将来という者は一行に宿を貸して丁重にもてなした。やがて牛頭一行が凱旋《がいせん》する時、その村の住民た

大政所御旅所跡

ちを皆殺しにするが、心やさしい蘇民将来の家族とその子孫だけは助けた。その時に牛頭が蘇民将来に授けた護符が茅の輪《ちのわ》であったという。その茅の輪に「蘇民将来子孫」と記した護符を持っていれば、あらゆる厄から逃れられるとする信仰がやがて日本へも伝わり、六月晦日《みそか》の夏越《なごし》の祓《はら》いと結びついて、「茅の輪くぐり」の習俗が作られた。一方で厄除けのお守りとしての護符が、今日でも祇園祭に欠かすことのできない「ちまき」になったとされている。ちまきは漢字では「粽《ちまき》」という文字をあてているが、本来の意味からすれば「茅巻《ちま》き」と表記すべきものだったのである。現在でも八坂神社や今宮神社などの御霊信仰と関わりの深い神社では、六月末には境内に大きな茅の輪がしつらえられ、参拝した人々はその輪をくぐって厄を祓うという行事が行なわれている。

今宮神社の茅の輪

このように、祇園御霊会は平安時代の十世紀末から十一世紀はじめ頃に始まり、その後形式は若干変化させながらも、二十一世紀の今日まで約千年間にわたって続けられてきたのである。その意味では、祇園祭の有する伝統は非常に重い。ただし誤解してはいけないのは、今日の祇園祭の主役ともいえる鉾や山は、平安時代には存在しないということである。祇園祭といえば誰もが連想するような鉾や山が登場するのは十四世紀から十五世紀頃、すなわち南北朝時代から室町時代にかけてのことである。では、鉾や山はいったいどのようにして創造されたのか。またそれにはどんな意味があるのだろうか。さらに応仁の乱を経て、近世から近代には、祇園祭はいかなる変遷をとげてきたのか。

五　鉾と山のルーツ

描かれた長刀鉾（『十二月あそひ』「六月」の絵、佛教大学所蔵）

祇園祭の主役ともいえる鉾や山は、いったいどのようにして創造されたのか。またそれにはどんな意味があるのだろうか。

文献上、「鉾」とよばれるものが祇園祭に登場するのは十四世紀はじめである。それは「風流囃子物《はやしもの》」とよばれ、鉦《かね》・笛・太鼓などにあわせて踊る一種のにぎやかな歌舞を意味する。それを支えたのは「鉾衆」とよばれ、「剣鉾」などのいわゆる武器としての原初的な「鉾」を飾り立て、その周囲で歌舞を演じる芸

祇園祭鶏鉾

能集団であったと思われる。さらに「鉾衆」は一つや二つではなく、多くの集団が参加していたようで、それらを経済的に支えたのは京の「下辺」、すなわち後の「下京」在住の富裕な商人たちであった。

一方「山」は鉾のような武器状のものではなく、趣向を凝らした「作り物」、すなわち見物客たちの目を引くような見世物の一種であったと考えられる。「山」というからには、やはり常緑樹を飾り付け、そこで一つの場面が作り出されて種々の見世物が演じられた。今日でも多くの「山」にはカラクリ人形などの見世物が設《しつら》えられているが、それが「山」の本来の姿なのである。

現代に例えるならば、東京デイズニーリゾートで毎夜行なわれるイルミネーションも艶やかなパレード。「鉾」や「山」はまさにそれに相当する人気高いパレードとして発展してきたのである。もっともこれらの「鉾」や「山」は、元は祇園御霊会の神輿渡御に付随した出し物であり、いうならば神輿の先導役というべき存在であったはずだ。しかしやがて華やかな「山鉾」や「風流囃子物」は神輿以上に見物人たちの注目を集めるようになり、ますます華美になっていった。「風流」とは、本来見る者たちを喜ばせ、あっと驚かせるような存在であったから、時とともに巨大化したり華美に変身してゆくのは当然のことでもある。また本来は厳粛な神事である神輿渡御の先触れとしてのパレードであったものが、やがて独立し、いつしか神輿が出なくても鉾や山の巡行だけは行なわれるという事態になっていったと考えられる。これはいうならば、祇園御霊会における主客の逆転を意味した。その背景には、下京を中心とした町衆《ちょうしゅう》の成長と財力があったことはいうまでもない。祇園社の神事から独立した、町衆中心の山鉾行事のルーツをここにうかがうことができるのである。

十四世紀末の南北朝時代に発生したと考えられる山鉾は、室町時代になるとますます目立つ存在となり、一定の形式を具えるようになってゆく。それは「鉾」「山」「傘」「船」という多彩な形式である。現在の祇園祭に登場する三十三基の山鉾のうち、「傘鉾」は「綾傘鉾《あやかさほこ》」と「四条傘鉾」、「船」も「船鉾《ふねほこ》」と「大船鉾《おおふねほこ》」として残っている。これらの原型は十五世紀のはじめ頃には完成していたのである。そして山鉾はさらに巨大化し贅をつくした装いを纏いながら発展してゆく。応仁の乱以前の山鉾を記した史料には、何と五十八基の山鉾の名が記されている。その中のほとんどが「長刀ほこ」や「庭とりほこ」など、今日の山鉾と同じ名称がつけられており、今から約五百五十年前にはすでに今日の祇園祭とたいして変わらぬ山鉾が都大路を巡行していたことがうかがえる。

応仁元年（一四六七）に起こった応仁の乱は、京の町の大半を焦土と化してしまった。当然多くの山鉾が焼失したことだろう。さすがの京の町衆もこの打撃は大きかったようで、山鉾が復興するのは、乱の勃発から三十三年が経過した明応九年（一五〇〇）のことであった。この時から山鉾の巡行順を決めるくじ取りが行なわれるようになり、「長刀鉾」はくじ取らずで先頭を行くというルールが定められた。以後五百年余の間、山鉾自体の盛衰や変化はあるにせよ、ほぼ同形式の山鉾巡行が続けられてきたのである。

六　風流囃子物と傘鉾

現在の祇園祭では、「綾傘鉾」と「四条傘鉾」の二基の傘鉾が出る。そもそも傘鉾は、

巡行する綾傘鉾

剣鉾などとともに、今日の山鉾の形態が完成する以前の古い形であり、京都市北区今宮神社のやすらい花の花傘に代表されるような、いわゆる「風流」とよばれる作り物や芸能のもっとも基本的な形態を今に伝えるものである。応仁の乱以前の十五世紀前半の記録にも傘鉾が登場することから、五百五十年以上前から存在した鉾であることがわかる。

先述したように、祇園祭に登場する山鉾の基層には「風流囃子物」の特質が流れているといわれている。「風流囃子物」について、京のまつりや山車《だし》研究の権威である芸能史研究者の植木行宣は、その代表的著書である『山・鉾・屋台のまつり』において次のような学説を提示している。すなわち「風流囃子物」とは、神霊の

綾傘鉾の太鼓打ち

送迎、特に疫神や災いなどの退散を願う「ハヤス」という行為から出た群集の踊りが基本であり、芸能としての特質は、太鼓などの打ち物系の楽器（打楽器）を踊り子が自ら打ち踊り、そして移動するところにある。「風流囃子物」は鉾や傘、作り山や仮装の者たちが主体となり、それらは拍子に囃されて移動することを特質とした。山鉾の古い形態を今に伝える「傘鉾」は、まさに囃されて移動する神霊の動座そのものであり、そこには「棒振り囃子」に代表される、派手な囃子を伴っていることが必要だったのである（植木行宣 二〇〇一）。このことは、室町時代の記録に登場する山鉾の中で、今日の「綾傘鉾」や「四条傘鉾」はともに「はやし物」と表現されていることからもうかがえる。極言すれば「傘鉾」はそれだけで存在しても意味はなく、また「棒振り囃し」もそのものだけでは意味を持たないということができるだろう。両者がそろい、それらが移動してはじめて意味を持つ「風流囃子物」になったのである。

七　明治以後のまつりの変化

やがて明治維新を迎え、日本中の社寺祭礼は大きな変革を余儀なくされる。それはすなわち「神仏分離」と「改暦」である。近世までの日本の社寺は、ほぼ例外なく「神仏習合」の形態を取り、そこでは神社と寺院、および神道と仏教を明確に区別することは困難であったが、明治以後は両者が完全に分離され、祇園社は廃されて「八坂神社」となる。同時に祭神も仏教系の牛頭天王は廃され、スサノヲノミコトを主神とする神道系一色の形に改められたのである。またそれまで旧暦六月七日が神幸祭、六月十四日が還幸祭という日程で行なわれていた祭礼が、新暦の導入によって、明治十年（一八七七）より七月十七日が神幸祭、七月二十四日が還幸祭となり、前者は俗にいう「前まつり」、後者が「後まつり」とよばれるようになった。

当時は神幸祭と還幸祭それぞれで、異なった巡行路で山鉾が巡行していた。すなわち昭和三十年までの巡行路は、前まつりでは、四条烏丸《からすま》—四条寺町—寺町松原—松原東洞院《ひがしのとういん》、後まつりでは、三条烏丸—三条寺町—四条寺町—四条東洞院という巡行路をとっていた。それがやがて前まつりの巡行路が変更され、昭和三十一年（一九五六）以降は、四条烏丸—四条寺町—寺町御池《おいけ》—御池烏丸、さらに昭和三十六年（一九六一）以降は、四条烏丸—四条河原町—御池河原町—御池烏丸という、現在と同じ巡行路に改められたのである。また昭和四十一年（一九六六）になって、観光客への配慮やその他の理由から、前と後のまつりが合体して山鉾巡行は十七日だけとなった。なお神輿渡御は従来どおり十七日が神幸祭、二十四日が還幸祭として行なわれている。

ところが平成二十六年（二〇一四）より、四十九年ぶりに二十四日の後まつりの山鉾巡行が復活することになった。ここに祇園祭本来の、神輿渡御に先だって山鉾が巡行するという姿が蘇ったのである。さらに平成二十六年には、元治《げんじ》元年（一八六四）の禁門の変以来休み鉾だった大船鉾が見事に復活をとげ、後まつりのしんがりを行くことになった。その結果、前まつりでは二十三基、後まつりでは十基の、総勢三十三基の山鉾が都大路を巡行することになったのである。なお後まつりの巡行は、烏丸御池を出発地点とし、御池通りを河原町まで東へ進み、河原町を南行して四条河原町へ、そこから四条通りを烏丸まで西行するという、まさに前まつりとまったく逆のコースを辿ることになった。

八　祇園祭における稚児について

今日の祇園祭では、稚児《ちご》が出るのは長刀鉾と綾傘鉾、および後述する「久世駒方稚児」だけである。特に長刀鉾の稚児は有名であり、七月十三日の八坂神社への社参によって、それまでは普通の小学生であった男児が「五位少将」、十万石の大名に相当する位を授かるのである。長刀鉾の稚児は十七日の山鉾巡行で、四条通りに張られた注連縄《しめなわ》を華麗な太刀《たち》さばきによって切るという大役を担っており、これは山鉾巡行の開始を告げる重要な儀礼として、毎年必ずテレビで放映される場面でもある。

そもそも「稚児」とは、祭礼で神霊の依り代となる子どもを意味し、神の代役としての重要な立場を担う存在である。稚児は本来は男女の区別はなく、女児が稚児を務める例もあるが、祇園祭では女人禁制が原則であり、稚児も男児に限られている。ところで長刀鉾の稚児には、両側に二人の補佐役がついている。これは「禿《かむろ》」とよばれる少年で、本来は高級遊女に仕えて身の回りの世話を行なった少女を意味した。今日の祇園祭では禿も少年が女装することになっているが、稚児の装束が遊女の太夫《たゆう》のものと同系のものであることや、禿が存在することなど、祇園祭の稚児と遊女との関わりが深いことは大変興味深い。

なお、今日でこそ長刀鉾以外のすべての鉾が人形の稚児を乗せるようになったが、かつてはどの鉾にも生き稚児が乗っていた。それがやがて種々の理由から生き稚児を廃して代わりに人形を乗せるようになっていった。たとえば函谷鉾は早く天保十年（一八三九）の復興に際して、また鶏鉾は文久三年（一八六三）から、月鉾は明治四十五年（一九一二）から、さらに時代は下って放下鉾は昭和四年（一九二九）から、それぞれ人形の稚児を乗せるようになったといわれている。その背景には、稚児はまつりに先立って相当期間、家族から離れて別火で炊いた食事をするなど、厳しい精《しょう》進潔斎《じんけっさい》が求められ、またまつり当日は地面に直接足を触れさせないなどの特別な扱いを受けるため、希望者も減り、またその世話にも多大な労力と費用がかかることと、稚児が鉾から落ちて大怪我をしたりするなどの危険をともなうことなどの理由が考え

綾傘鉾の稚児

長刀鉾稚児（井上成哉氏提供）

強力《ごうりき》に担がれる長刀鉾稚児（井上成哉氏提供）

久世駒形稚児（井上成哉氏提供）

られる。

ところで、十七日の山鉾巡行が終わった夕刻、八坂神社を出発する神輿渡御に、上久世《かみくぜ》から一人の稚児が奉仕することを知る人は少ないのではないか。この稚児は木製の駒頭を胸に抱いていることから、古くから「駒《こま》形《がた》稚児」とよばれてきた。この稚児は、旧上久世村の氏神である綾戸・国中神社の御神体とされている木製の馬頭を胸に抱き、馬に乗って神輿の渡御に奉仕する。十七日の朝、上久世では村人から「お駒さん」とよばれて崇拝されている御神体の駒頭が入った櫃《ひつ》を、神社からその年の稚児を出す家に運び、床の間に安置する。やがて稚児はこの駒頭を首にかけ、父親と綾戸・国中神社の神主とともに騎馬で八坂神社に社参に向かう。なお、駒形稚児はかつては騎馬のまま境内に入り、拝殿を三周して直接本殿に乗りつけたといわれている。

十万石の大名の格式を持つといわれる長刀鉾の稚児でさえ、境内前で下馬して徒歩で本殿に参拝するのに、駒形稚児は騎馬のまま本殿に乗りつけるというのは、まさにこの稚児がそれ相応の位を持ち、また祇園祭において非常に重要な役割を担ってきたことを物語っているといえよう。

ところで上久世という八坂からは遠く離れた地から、祇園祭の重要な稚児が出ること自体が不思議であり、またその氏神である綾戸・国中神社と祇園社の関係はということ、ますます謎が深まる。綾戸社は近世初期には「祇園駒之社」ともよばれ、現在の駒頭はもともと綾戸社と深い関係のあるものであり、また同時にこの駒頭をめぐる信仰が広く流布していたことがうかがえる。しかし綾戸社と祇園祭との関係は不明であり、い

強力に担がれる久世駒形稚児（井上成哉氏提供）

つ頃いかなる理由で上久世の氏神と祇園祭とが結びついたのか。今は残念ながらそのことを知るすべはない。ただ近世の史料に「上久世駒形神人《こまがたじにん》」の名が出てくることから想像して、近世初頭には今日と同様に上久世の人々が祇園祭の神幸祭と還幸祭に奉仕していたことは確かであろうと思われる（河原正彦 一九六二）。また平安時代末期に書かれたという『年中行事絵巻』の中に、駒頭を胸に抱き、馬に乗った稚児が祇園御霊会の神輿に供奉する姿が描かれていることから、少なくとも平安時代末期には、祇園会に駒形稚児らしき存在が関係していたであろうことだけはわかるのである。

駒形稚児と祇園祭との関係を論じた研究はきわめて少ない。しかし若干の研究によって、駒形稚児が平安時代から祇園御霊会と深く関わり、またそれは祇園社の主たる祭神である牛頭天王の后とされている頗利采女《はりさいにょ》、後に「少将井殿」とよばれるようになった神をめぐる信仰と深く関わっていたらしいということが明らかにされてきた。十七日の夕刻、八坂神社を出て四条寺町の御旅所へ向かう神輿は、中御座（牛頭天王→スサノヲノミコトを奉じる神輿）、東御座（八王子→八柱御子神を奉じる神輿）、西御座（頗利采女→稲田比売命《くしなだひめのみこと》）の三基であるが、かつては中・東の二基が大政所御旅所へ渡御していたのに対して、頗利采女を奉ずる西御座だけは少将井御旅所まで渡御していた。久世の駒形稚児は、どうやらこの頗利采女という神と関係があったらしい。これらのことから、駒形稚児をめぐる信仰は、「少将井」という名の通り、「井」すなわち「水」をめぐる信仰とも深い関係があり、夏まつりとしての祇園会における「聖水信仰」に繋がる可能性があることも示唆されている。また駒形稚児は、他地域の田楽・猿楽系統の芸能に駒頭がよく登場することからも、もともとは祇園会において何らかの芸能にたずさわる存在であったのではないかという点も徐々にわかってきた。しかし祇園祭をめぐる諸問題の中で、この「駒形稚児」の存在だけは、未だに謎のベールに包まれているのである。

九　祇園祭と女性

「女人禁制」という語は、今やもう死語に近いと思われる読者が多いに違いない。しかし今日でも、女人禁制が厳然と生きている場もないわけではない。その象徴的な例が祇園祭の山鉾ではないだろうか。ならば祇園祭の山鉾はなぜ女人禁制なのか。さらに日本には祇園祭以外にも、たとえば修験道の行場《ぎょうば》の大峰山や、大相撲の土俵など、まだまだ「女人禁制」とされる場所やまつりが残っている。それ以外に村の氏神祭礼でも、女性が参加したり供物に触れたりすることが禁止されているという例も多い。女性はなぜ土俵に上がったりまつりに参加することができないのだろうか。

女人禁制の理由は、実際にはそれぞれの場合によってさまざまな説明がなされている。たとえば日本相撲協会は「土俵は伝統的に男性空間であるから」という。このように女人禁制の理由を「伝統性」によって説明するという傾向が強いようだが、その「伝統」とはいったいどこから生まれたのだろうか。この問題について考えるには、どうしても歴史的なまなざしが不可欠である。女人禁制を歴史的にながめた時、その背景には女性の血に対するケガレ観が浮かび上がってくる。

血のケガレ観は、中世に主に仏教によって広く流布したと考えられる。「血盆経《けつぼんきょう》」には、女人は血で大地や川の水を汚すので、死後は血の池地獄に落ちると説かれている。この経典は中国で作られたいわゆる「偽経《ぎきょう》」であるが、室町時代には庶民層にも広まったと考えられている。祇園祭の山鉾が女人禁制とされる背景には、このような中世の仏教思想の影響が少なからずあったことは確かだろう。今日の八坂神社は、明治の神仏分離までは祇園社あるいは祇園感神院などとよばれる神仏混淆《こんこう》の祭祀対象で、比叡山延暦寺の支配下におかれていた。天台密教は特に女性を遠ざける傾向が強く、その影響もあって鉾や山は女人禁制とされるようになっていったのではないかと考えられる。ならばそれは、いつのことなのか。

室町時代には、明らかに女性らしき人物が鉾に乗っている姿が描かれた絵画資料が見られる。また一説では、室町時代初期までは「女曲舞《くせまい》」という芸能が鉾の上で行なわれていたともいわれており、少なくとも十五世紀初頭までは、鉾に女性が乗っていた可能性は高い。それがやがて、室町時代後期には徐々に女人が山鉾から遠ざけられていったのではないかと思われる。

現代社会において、女性の血がケガレの対象だとする価値観を支持する者は、まさかいないだろう。ならば現在の山や鉾に女性が関われないのはなぜか。それは「文化財の保存・継承」という観点から説明が可能である。つまり今日の祇園祭山鉾行事は国の重要無形民俗文化財であり、またユネスコの世界文化遺産にも登録されている。そういうならば伝統的な姿を後世に伝えるために「保存」すべき対象なのである。その伝統の指標とされるのが近世後期だとするならば、その時期には確かに山鉾に女性は乗っていなかっただろう。だから今日でも、山鉾は女人禁制なのだという理屈は間違ってはいない。しかし、実際にはこれまでも複数の山鉾に女性が乗っていた前例はあるし、現在でも女性が囃子方を務めている山鉾もある。現代の世の中、男女が平等な立場で何事にも参画できるのがあたりまえである以上、祇園祭で女性がもっと活躍できる日が来るのはそう遠くないかもしれない。

男女共同参画が叫ばれる今日、祇園祭と女性の関わり方に関してもっと積極的に議論を交わすべきとする声がある一方で、あえて白黒をはっきりさせずにあいまいな状況を残すことで、摩擦や確執といったトラブルを避けようとする動きも見られる。後者のスタンスはいかにも京都らしい。京都生まれ京都育ちの筆者には、ある意味心地よさすら感じる対処法である。しかし、はたしてそれでよいのかという戸惑いがあることも事実である。

十　むすびにかえて

祇園祭の発生と歴史についてあらましを述べてきた。読者諸氏にとって何よりも大切なことは、まず実際にまつりに参加してみることである。百聞は一見に如かず。とにかくまつりは実際にフィールドで空気と時間を共有し、体感することが重要である。たとえば期間中毎日数十万人以上の人が繰り出し、かつまつりの場が広域にわたる祇園祭において、無計画に町へ出かけても人ごみに揉まれて疲れ果てて帰ってくるのが関の山である。あらかじめ予備知識を持ってまつりに参加してゆけば、ただ漫然と観光気分でまつりを外から眺めていた時とはまったく異なった、京の人々の姿とまつりの本質が見えてくるはずである。

【コラム】

祇園祭のフィールドワーク授業の報告と課題

佛教大学歴史学部の発展科目である「祇園祭研修」において、受講学生たちにフィールドワークの体験として祇園祭に参加してもらおうという試みは、今年で十四年目を迎えた。この科目は、佛教大学に歴史学部が誕生した二〇一〇年以前は「京都の民俗と芸能」という全学共通科目として、多い年には全学部学科から約二百五十名の学生が受講したこともある。

平成二十六年度は歴史文化学科の一回生を中心とした約九十名の学生が受講し、ほぼ全員が祇園祭のさまざまな行事に参加した。今年も筆者としてはこの試みは大成功に終わったと考えているが、細部においては若干の課題が残ったことも事実である。第一回目の授業で学生たちに受講目的をたずねると、この講義では実際に祇園祭に参加できるからという理由で受講したという学生が大半を占めていた。昨年度までの受講生たちによる触れ込みもあったためであろうか、毎年のように、筆者の意図を理解

綾傘鉾でちまきを売る女子学生

して受講してくる学生が多いことをたいへんうれしく思う。

学生たちが毎年参加するのは、筆者が保存会理事を務める「綾傘鉾」である。学生たちを募集したボランティアの作業は、「ちまき入れ」「鉾建て」「ちまき売りおよび神社の巫女役」「宵山の鉾解体」、および「山鉾巡行の鉾《ほこ》曳《ひ》き」である。このうち六月最終日曜日に行なわれるちまき入れ、すなわち上賀茂から搬入されたちまきに町内の「大原神社」の護符を貼り付け、紐で結わって完成させる作業には、毎年約五十名の学生が参加している。この中には中国や韓国からの留学生の姿も見られる。また七月十三日に行なわれる鉾建てには、男女合わせて約三十名の学生が参加している。特に鉾建ては力仕事がほとんどであるために、基本的には男子学生だけを募集しているが、女子学生の中で力仕事には自信があるからと、みずから志願してきた者も若干名あり、彼女たちは力仕事が始まるのを待ってましたとばかりに、傘鉾の胴掛けの織物を運んだり、駒形提灯を吊るす作業を手伝ってくれた。また十四日から十六日までの、いわゆる宵山でのちまき売りには、のべ百名近い女子学生が、十六日深夜の鉾解体の作業にも、毎年二十五名近い男子学生が夜遅くまで献身的に働いてくれている。

祇園祭のクライマックスである山鉾巡行でのボランティアも、春学期の試験前であるにもかかわらず、毎年三十名ほどの学生がエントリーしてくれる。綾傘鉾では、先頭の幟持ちから二基の傘鉾を押して歩く者、さらに稚児の供傘、すなわち六人の稚児に朱傘をかざす役割の者、そして稚児の座る椅子の運搬を担当する「お持ち」という役割まで含めると、最低でも三十名以上の人手が必要となる。山鉾巡行が土曜日や日曜日にあたれば学生たちも参加しやすいだろうが、平日の場合は授業を休む必要があり、現実には参加は難しいにもかかわらず、ほぼ毎年十分な人数の参加希望者があることは、歴史学部の学生たちの祇園祭に対する熱意と積極性を物語っているといえるだろう。

授業科目としての学生の評価はすべてレポートとし、祇園祭でのフィールドワークの報告を義務づけている。試験その他の都合で募集したボランティアに参加できなかった学生たちも、ほとんどが祇園祭の何らかの場面を見学した成果をレポートとしてまとめてくれた。過去から近年までの膨大な数のレポートの中から、印象に残っている感想の一部を紹介しよう。

「せっかく京都という土地に大学があるのだから、今回のような授業がこれからも増えていってくれれば、授業を通してますます色々な経験ができて楽しめるのではないかと思う」

「ちまき売りは販売だけの簡単な作業だと思っていたが、お客さんにいろいろ質問をされてわからないことだらけだった。〝屛風まつりはどこですか〟〝〇〇へはどう行ったらいいのですか〟などという質問が一番困った。それまではお手伝いのつもりだったが、お客さんにとっては、私は地元の人なのである。その場にいる時、私は〝佛教大学生〟ではなく、〝綾傘鉾町の一員〟であると思え、嬉しさと責任を感じ、気が引き締まった」

「一人でも多くの人に祇園祭に参加してもらうためには、祭に参加する楽しさを伝えなければならない。そのためには、実際に参加した私たちが祭に参加する楽しみや感動を伝えていかなければならないと思う。祇園祭がこんなにも楽しくて感動するものだとは思っていなかった。きっと祇園祭に参加している人たちはこの感動が味わいたくて参加しているのだろうと思った」

「ボランティアが終わって皆で浴衣を脱ぎながら〝絶対に来年もまた参加しようね〟と固い約束を交わした。普通ではできないような体験ができたことを貴重に思う。三十三基ある山鉾の中でも、綾傘鉾はこれから祇園祭で見かけるたびに、私にとって特別な鉾になるだろう」

「四月からずっと授業で祇園祭について勉強してきたが、やっぱり机の上での勉強だけでは絶対に感じることのできない経験ができた。百回授業を受けるより一回祇園祭に参加する方が得るものは大きいと思う」

「今回私ははじめて祇園祭に参加できて大変嬉しく思う。しかも普通に見て楽しむだけではなく、関係者しか着ることのできない綾傘鉾の浴衣を着てちまきを売るという大変貴重な体験ができた。私たちがいた大原神社に参られた方々は、いろいろと話しかけてくれた。〝暑いけどがんばってね〟と言って下さる方もいて、ますますがんばろうという気になれた」

「今回はじめて祇園祭に参加して、とてもよい経験ができた。授業で先に歴史や成り立ちを知ってから参加できたこともよかったと思う。これからもさらに多くの人に祇園祭の由来を知ってもらうとともに、守ってゆかねばいけないと思った」

「みんな生き生きした表情で祭を楽しんでいた。私もテストのことなんて、これっぽっちも考えず、今までのストレスというか、体の中にあった不快感を追い出すことができ、終始笑顔でいられたように思う。〝これぞ祭のすばらしさ〟としみじみと実感した。またちまき売りをすることによって、自分が祇園祭の運営に直接携わり、それを支えている一人であるということを実感できた」

「わが佛教大学でも、このような素晴らしいことをやっているんだということを他大学にも知らせていくことを私は提案したい。佛教大学でもこんな素晴らしい授業があるのだということを知ってもらいたい」


以上はほんの一部にすぎないが、多くのレポートから、今日の学生たちが机上の学問だけでない実体験を交えた講義、つまりフィールド体験という講義形態を強く求め

巫女役の女子学生

ていることが感じとれた。私たち教員が想像していている以上に、今の学生たちは傍観的であるよりも、まずは現場に出てその場の空気と香りを体感したいと強く欲しているのである。

筆者は、祇園祭という全国的にも著名な大規模都市祭礼をフィールドとする授業の試みは、本年も成功に終わったと記したが、それは少なくとも学生たちのレポートを読む限りにおいての判断である。実際には筆者自身として多くの反省があることも事実である。特に宵山という異常なまでの人ごみの中にはじめて祇園祭にやってくる学生たちの立場を考えれば、集合場所の案内、浴衣への着替え、役割分担とシフトの方法など、受け入れ態勢はまだまだ不十分であり、残された課題は山積みである。受け入れ先である綾傘鉾保存会としても、いうまでもなく担当教員である筆者自身においても、過去十数年間の経験を生かして、次年度以降はこれまで以上に学生たちが快適に祇園祭に参加できるような工夫と態勢の改善を試みる必要があると感じている。

以上の報告は、あくまでも歴史学部の授業科目としての学生たちの活動であるが、綾傘鉾では佛教大学のインターンシップとして学生たちの受け入れも行なっている。この試みも、かれこれ十年の歴史を持つ。インターンシップ生として綾傘鉾に来てくれる学生数は年によってまちまちだが、ほぼ毎年、一名から数名の学生が参加している。

そもそも綾傘鉾保存会には「青年部」という組織が付随しており、これはもともとインターンシップや授業のボランティアとしてまつりの運営に関わった学生が、卒業後も恒常的に綾傘鉾の運営に関われるように、いわば保存会の中の実動部隊として結成された組織である。そのために、青年部長をはじめ若干の例外を除くほぼ全員が佛教大学の卒業生であり、この青年部員たちが、インターンシップ生およびボランティアの学生たちの差配を担っているのである。

山鉾を持つ多くの町内が高齢化によって後継者問題に頭を悩ませている昨今、綾傘鉾では佛教大学との連携により、少なくとも若い後継者たちが育ちつつあることは確かだ。未来の祇園祭における山鉾の運営を考える時、京都市内の大学生たちの存在はますます欠かせぬものとなっていくだろう。その際、山鉾の運営と維持に責任を持つ保存会の役員たちがどのようなコンセプトにより、大学生たちと関わってゆくべきかについては、これからの積極的な検討を待たねばならないが、その際に、綾傘鉾保存会と佛教大学との関係性が一つのモデルケースとなるのではないかと考えている。保存会と学生たちとが連携することにより、両者ともに有益な結果が得られることが求められる。綾傘鉾と佛教大学との試みが、そのための布石となるなら、これまでそれを企画し、また牽引してきた筆者としては望外の喜びとなることは間違いない。

第二章　六道参り——水への祈りと他界観

一　はじめに

本章の主目的は、京における他界観について考察することである。いうまでもなく、京は千年余にわたってわが国の都がおかれていた、まさに古都である。千年という目眩を覚えそうな歳月は、人々のあまりにも重い記憶でもある。その中を京の人々は生き続けた。その意味で、京のまちに展開する諸行事やまつりは底知れぬ歴史の深みを持っている。とうてい一筋縄で解釈できるものではない。特に本章の主題である他界観については、それぞれの時代においてさまざまな理解が可能であり、まさに困難極まりない課題であるといえよう。しかしだからこそ、多角的な視座から眺めてみることで今までは隠されていたものが見えてくることもありうるだろう。本章はその一つの試みであると位置づけておきたい。

京の他界観について考えるにあたり、前半においては京の盆行事を取り上げる。盆は、基本的に他界から先祖霊を迎える「精霊迎え」と、先祖霊を他界へと送り返す「精霊送り」の二段階から構成されていることは周知のことである。京では前者が「六道《ろくどう》参り」と称される行事を指し、後者がいわゆる「五山送り火」を指す。これらの行事はいずれも京特有のものであり、歴史的にも近世初期、場合によっては中世後期にまで遡ることが可能である。また京の盆行事の特質として、序章でも少し紹介したように水が頻繁に登場し、かつたいへん重要な意味を有しているということがある。盆行事と水との関わりについては、何も京に限ったことではなく、他地域においても広く看取できる現象であるが、少なくとも京においても、盆と水は決して切り離せない深い繋がりを有していたと考えられるのである。本章の前半では「六道参り」と水との繋がりについて、他界観へのアプローチという視座から考察してみたいと思う。

後半においては、京の夏まつりを取り上げてみたい。京では、第一章でも述べたように、どちらかといえば大きなまつりは春から夏に集中している。水稲農耕を主たる生業としてきた日本では、稲作のサイクルによって年中行事が構成され、その結果秋の収穫後に大きなまつりが営まれることが多い。ところが京では、御霊信仰の影響もあり、春から夏にまつりが集中するようになったものと考えられる。その代表例が日本三大祭にも数えられる「祇園祭」である。日本一ともいうべきこの巨大な都市祭礼をいろいろな角度から眺めてみると、水への祈りや願いが随所に見え隠れしていることに気づく。すなわち祇園祭は、根底に庶民の切実なる水への祈りを隠し持つまつりであったと考えることができる。

以上のように、京の盆行事と京を代表する夏まつりとしての祇園祭を具体事例として、京の人々の他界観に関して、「水の信仰」というキーワードを最大限に活用しながら、多角的な視座から考察を試みたい。

二　珍皇寺と小野篁

京では八月初旬、東山六波羅《ひがしやまろくはら》周辺では露店が立ち並び、多くの人々で賑わう。東山区小松町の珍皇寺《ちんのうじ》で「六道参り」とよばれる盆の精霊迎えの行事が始まるからである。京ではこの寺を珍皇寺とよぶ人は少なく、大半の人は「六道さん」と親しみをこめてよんでいる。この寺は、古くは郡名の愛宕《おたき》から「愛宕寺《おたきでら》」ともよばれていたという。

珍皇寺の草創に関しては種々の説がある。空海の師である大安寺慶俊《けいしゅん》開基説、空海開基説、小野篁《おののたかむら》開基説、山代淡海《やましろのおうみ》開基説などが聞かれるが、いずれも史料が乏しく、明確なことはわからない。承和三年（八三六）に国家鎮護所として山代淡海たちによって建立されたとする説がもっとも有力のようだ。いずれにしても平安期から鎌倉期には、東寺《とうじ》を本寺としていたといわれている、珍皇寺のすぐ南に天台別院としての六波羅蜜寺《ろくはらみつじ》があり、それに対抗せんがために東寺が珍皇寺を真言別院として権威づけるために種々の工作をしていたことは十分に想像できよう。南北朝期には一時衰退し、その後に東寺から臨済宗建《けん》仁寺《にんじ》の末寺となった。明治初期には一時寺名を失うが、明治四三年（一九一〇）に再び独立して今日に至っている。

小野篁像（珍皇寺）

さて、前述の種々の開基説の中で、今日の珍皇寺にもっともゆかりの深いのは、小野篁という人物である。小野篁は、平安初期の学者・詩人で、多くの漢詩集・歌集を残したと伝えられ

閻魔大王像（珍皇寺）

ている人物であるが、また彼は「野狂《やきょう》」ともよばれ、その奇行も多く伝えられている。昼は朝廷に勤め、夜は冥府の閻魔庁に出勤していたとか、亡き母の霊に会うために「六道の辻」の井戸からあの世へ通っていたなどという伝説がある。たとえば『今昔物語集』巻第二十「小野篁依情助西三条大臣語第四十五」には、小野篁が閻魔王宮へ通っていたとする説話が掲載されている。さらに死後、冥府の閻魔庁から甦ったとする説もある。

ここでいう「六道の辻」とは、今日では珍皇寺の門前、あるいは松原通りを少し西へ入った西福寺の角であるともいわれている場所である。小野篁が冥府へ通ったという井戸は、今日でも珍皇寺の境内にある。また「篁堂」あるいは「閻魔堂」と称する堂があり、その中には、閻魔像と小野篁像が安置されている。これらのことは、珍皇寺がかつての葬地であった鳥辺野《とりべの》の入口に立地していることに由来し、死者はこの寺で引導を渡され、鳥辺野の葬地へ送られた。つまり「六道の辻」とは、現世と他界との境界にあたる場所なのである。このような地にある珍皇寺に、現世と他界を自由に往来できる能力を持っていたとされる小野篁の伝説が結びつき、そこから今日見られるような盆の精霊迎えとしての「六道参り」の習俗が生まれたのであろう。

三　珍皇寺と引接寺の六道参り

普段訪れる人の少ない珍皇寺では、毎年八月七日から十日までの間だけは京都市内はもとより、遠く京都以外の地域からも先祖を迎える人々が訪れ大変な賑わいを見せる。六道参りの期間には京都の花屋が合同で門前に出店を設け、そこで高野槙《こうやまき》や蓮などの盆花が売られる。訪れる人たちは、まずここで高野槙の葉を買い求め、次に本堂前で「水塔婆《みずとうば》」とよばれる塔婆を買い、そこに迎える先祖の戒名を記入してもらう。

珍皇寺門前で売られる高野槙

次に本堂横にある「迎え鐘」をつく。この鐘は堂の中に納められていて外からは見えず、鐘をつく人は小さな穴から出ている引き綱を引いて鐘をならす。

昔、鐘を作った鋳物師《いものし》が、この鐘を三年間地中に埋めておけばその後は人の手を要さずに十二の時ごとに鳴るようになると言い残して帰っていったところ、せっかちな寺の僧が三年たたないうちに掘り出してしまったため、ただの普通の鐘に終わってしまったという伝説が『今昔物語集』や『古事談』に見ることができる。そのような霊験ある鐘ならばあの世へも響くであろうということで、今日の迎え鐘の習俗ができあがったものと思われる。なるほどよく聴いていると、堂の奥深くで鳴り響く鐘の音は

水塔婆に戒名を書く（珍皇寺）

独特の響きを持っており、まさにあの世へも聞こえるかに思われる。

鐘をついた後は水塔婆を石地蔵前の水の入った木箱に納め、上から高野槙で水を注ぐ。これを「水回向《みずえこう》」という。水塔婆は自家で準備して持ってゆく人もあるが、大半の人は本堂前で買い求め、その場で迎える先祖の名を書いてもらっている。塔婆は「何々家先祖代々」と書かれたもの以外に、参詣者の知る範囲の先祖の戒名を一枚ずつ記入し、それらをまとめて納める。おおむね三枚から五枚程度の塔婆を納める例が多いが、中には過去帳を見ながら、二十枚近い塔婆にそれぞれの先祖の戒名を書いてもらっている人もいる。

以上で六道参りは終わり、人々は高野槙を

持って家へ帰る。この槙は十三日以降の仏壇に飾る盆花《ぼんばな》とする。一説によると、この槙にのってオショライサン（盆に訪れる先祖霊）が帰ってくるのだといい、六道参りの帰路は決して寄り道をせず、まっすぐに帰らなければいけないともいわれている。

迎え鐘（珍皇寺）

このような六道参りの行事がいつ頃から行なわれるようになったかについては明らかではない。種々の史料から推察するに、六道参りが京の夏の年中行事として定着するのは、やはり近世に入ってからと考えるのが妥当であろうと思われる。たとえば『都名所車』には、「世の人六道と云毎年七月九日十日聖霊をむかひにゆくとて批寺のかねをつきて槙をもとめてかへる（後略）」とあり、享保年間頃は、六道参りが七月九日と十日の二日間であったことがわかる。また『都名所図会』にも同様の記述があり、六道珍皇寺のようすが描かれている。また『掘川の水』にも、「風がうらがなしむかへ鐘なるおもかげは鬘《かつら》にのこる弟草」という歌をのせ、その説明として「むかへ鐘とは、七月性霊むかへにとて、六道まいりする人の、鐘つくことをいふなり、六道といふところは、建仁寺の南にあり、むかし小野篁卿、冥途にかよひ給へる所なればとて、ここを冥途の道といふ」という記述がある。

盆に先祖の霊を迎えて祭る風習が庶民層に定着するのは室町期以後であろうとする従来の定説に従えば、珍皇寺の六道参りも、室町期以後に起こったものと考えられ、江戸期には、前述の史料に見るとおり、京の代表的な年中行事として定着していたのであろう。

珍皇寺の水回向

さて、珍皇寺が鳥辺野の入り口に立地する寺であったように、京の古くからの葬地である蓮台野の入口には引接寺《いんじょうじ》という寺がある。引接寺は通称「千本のえんま堂」とよばれ、寛仁年間に比叡山の僧である定覚《じょうかん》が開いた寺であり、定期作と伝えられる閻魔王像が本尊として祀られている。この寺にも珍皇寺と同様に、小野篁にちなんだ伝説があり、一説には、小野篁がこの寺の開基だともいわれている。京の南東角の葬地が珍皇寺のある鳥辺野ならば、北西角の葬地は今日の船岡山周辺にあたる蓮台野《れんだいの》で、引接寺はその入口に立地している。このことからも、引接寺に珍皇寺と同様の小野篁の伝説や、盆の精霊迎えの行事が伝承されていたとしても不思議ではない。

引接寺でも、毎年八月七日から十五日までの九日間、精霊迎えが行なわれ、人々は珍皇寺の六道参りと同じように槙の葉を買い、迎え鐘をつき、水塔婆を納めて先祖の霊を迎える。戦前は、ここで精霊迎えをするのはだいたい西陣界隈の人々であったというが、近年はその範囲もずっと広がり、市外から訪れる人もいると聞く。

四　六道の辻と水

さて、そもそも「六道参り」の「六道」とは、仏教でいう地獄・餓鬼《がき》・畜生《ちくしょう》・修《しゅ》

千本えんま堂の水回向

流される水搭婆（千本えんま堂）

珍皇寺門前の石碑

羅《ら》・人間・天上の六つの冥界を指す語であるが、仏教民俗学という新たな領域を確立した著名な民俗学者の五来重《ごらいしげる》は、その著書である『宗教歳時記』において、「ロクドウ」の語源を「ドクロ（髑髏）」であるとする説を提示している（五来重 一九八二）。つまりロとドの混用のために、ドクロがロクドになったと説明している。この説によると、珍皇寺の近辺にはドクロに由来すると思われる地名が多く、門前にある「轆轤《ろくろ》町」という地名や「六波羅」なども、すべてドクロから転じたものと考えられる。古い時代には、鳥辺野のあちこちに風葬された死者のドクロが転がっており、人々はそこを他界への入口とみなした。これが「ドクロの辻」すなわち「六道の辻」のおこりであろう。「六道の辻」とは、現世と他界との境にあたる場所であり、その意味においては非日常的空間であったことがうかがえる。他界へ旅立った先祖霊が盆のこの時期に、迎え鐘の音を聞いて現世に戻ってくる。その場所が六道の辻である。

小野篁が冥土へ通ったという井戸（珍皇寺）

筆者は、現世と他界との境界はもっと厳密にいえば珍皇寺の井戸であったのではないかと考えている。先述のとおり、珍皇寺の井戸は小野篁が冥府へ通ったといわれている井戸であり、ここから祖霊が現世に戻ってくると考えられていたのではないか。五来重は、小野篁が「冥道供《めいどうく》」や「泰山府君祭《たいさんふくんさい》」という陰陽道の修法祭奠《しゅうほうさいてん》を、この井戸の中で行なっていたことがこの井戸にまつわる伝説の由来であろうと述べているが、たとえそうであったとしても、井戸が他界へ通ずる通路であるとする人々の意識がもともとあったことは十分に想像できよう。そう考えると、珍皇寺の井戸が本当の意味での六道の辻にあたることになろう。

ところで興味深いことは、珍皇寺の井戸から迎えた先祖霊を、十六日に別の場所で送ることである。京では、昭和三十年代中頃までは、十三日から十六日まで仏壇に供えていた槙の葉・蓮の花などの盆花を、ミヤゲノダンゴとともに、十六日の夕刻に鴨川や堀川に流していた。ところが川の汚染が問題となり、昭和四十年以降は鴨川の土手などにこれらの供物を納める箱が設けられ、人々はそこへ納めに行くようになったという。

近年は珍皇寺や引接寺でも、十六日以後に、盆花や供物の回収を行なっており、珍皇寺では、十七日に、オセガキと称していっさいの水塔婆や盆花などを焼いている。また引接寺では、十六日に送り塔婆というものを売り、参詣者が持参した盆花類を引き取り、処理しているという。しかし、これらの行事は比較的新しいものであり、近世の地誌類に、珍皇寺では十日に精霊迎えをする記述こそあれ、十六日の精霊送りに関する記述が見あたらないことからも、これらの寺は精霊迎えのための場所であって、送る場所ではなかったことがわかる。

京では、十六日に盆花類を川に流すのが本来の精霊送りの姿であったのであろう。このすると珍皇寺の井戸から迎えられた祖霊は、十六日に川へ送られることになる。このように、祖霊を迎える場所と送る場所が異なるのは、決して京の場合だけでなく、全国的に見られる現象であるが、その理由についてはまだ定説はない。鴨川や堀川へ送られた祖霊が、翌年また珍皇寺の井戸から戻ってくるとすると、これは我々の常識では理解できない現象である。いったい他界という世界の空間認識はいかなるものであるのか。筆者は、少なくとも京の事例を見る限り、この問題は「水」に対する人々の意識を考察することによって解釈できるのではないかと考えている。

ところで、九州から南島の調査研究で著名な民俗学者である小野重朗《おのじゅうろう》は、その論文の「正月と盆」の中で、かねてより主張していた年中行事の二重構造論にもとづき、盆は、六日・七日を中心とする一次盆と、十五日・十六日を中心とする二次盆に分けて考える必要性を説き、前者は七夕流しやネブタ流しなどに代表される水神まつりの日で、後者は祖霊を祀る日であるとする。そして、両者によく似た要素が多いことについて、「二次盆が一次盆の祭り方を継承したためであり、新しい祭りの祖霊祭が古い祭りである水神の祭りの方式をそのまま採用したためである」と述べ、水神まつりを盆行事の起源とみなす見解を提示している。さらに祖霊を迎える場所と送る場所が異なるという矛盾について「精霊を送るのに、七夕送りの水神の送り方に似せて水の国へ送ったからである。送るだけでなく盆の精霊を川や海辺に迎える例も多い。これらについては祖霊たちの原郷は海や水界の彼方にあるからと理解されることが多いが、これはむしろ逆で、盆には七夕にならって水辺から精霊を迎え送るので、精霊の原郷は水神と同じく海や水界の彼方と思うようになったのであろう」という示唆に富んだ指摘をしている（小野重朗 一九八四）。

確かに七月七日を中心とした時期に水神を祀るという伝承は多くの地域から聞かれ、盆が旧暦で行なわれていた頃には、日を遠くせずして、水神と先祖霊という性格を異にするものが祀られていたことがわかる。しかし小野がいうように、先祖霊の祀りが古くから伝わっていた水神のまつりと融合し、その方式も水神の祀り方をそのまま採用して形づくられたとしても、小野の説明では、なぜ先祖霊を迎える場所と送る場所とが異なり、かつ、そのような矛盾を人々が受け入れ、継続させてきたのかという疑問に対する満足な解答は得られないように思う。

筆者は、人間の行動可能な空間と質を異にする空間として、水面下の世界をとらえるという認識が人々の中にあったのではないかと考えている。つまり水面下の世界は、すべて同次元的＝同一空間的世界とする認識があったのではないかということである。とすると、前年に川下へ送られた先祖霊が、翌年また珍皇寺の井戸から戻ってくるという現象がうまく説明できる。

民俗社会の中には、「辻」という名でよばれる多くの境界があるが、中でももっとも象徴的な境界は、現世と他界との境である。そこには、地蔵・閻魔などの両界を自由に往来できる神仏がいて、この境界を越える者たちを監視している。京では、六道の辻がその境にあたり、やはり地蔵と閻魔が祀られている。京の諸事例に詳しい民俗学者の高取正男は、その著書の『女の歳時記』の中で、このような場所を「魂のターミナル」とよんでいる（高取正男 一九八二）。

京の人々は、ここに小野篁という特別な能力を持った人物をオーバーラップさせ、篁が冥界へ通ったという井戸を他界との境界に見たてた。井戸は地中という未知の世界へ開けた不思議の場所であり、古井戸から幽霊が出没するという怪談が一般に語られていることからも、ここを他界への入口とした人々の意識は、今日の私たちにも十分想像できる。さらに井戸には水があるということが、この意識をより助長させたのであろうと思われる。

五　精霊たちが帰りゆく彼方

京では、五山の送り火は精霊をあの世へ送るための火であり、一説では、送り火に照らされて、精霊たちは天へと帰ってゆくのだともいわれている。しかし、京の人々にとっての他界が天上にあるとする根拠はどこにあるのだろうか。筆者が知る限り、そのような伝承は聞いたことがないし、さらにそのような認識を裏付けるような民俗事例は看取できない。これは、送り火の炎が空高く燃え上がるさまから連想された、根拠なき他界観ではないかと考えられる。だとすれば、京の人々にとっての他界はどこに想定されるのだろうか。

たとえば先祖霊が乗ってくるとされている高野槙であるが、京都周辺に高野槙が自生していたことは植物学的にも考えられず、すると、高野山を中心とする地域から移入されたものと考えるのが自然であり、各地の盆花が祖霊を迎える山から採られるという伝承を考え合わせると、ここに高野山の信仰に基づく「山中他界」を想定することもできる。しかしこの説も、その裏付けとなる伝承や儀礼などは存在しない。山中でもなければ、天上でもない。とすればまさに前述したように水中、さらにいえば、先祖霊たちは「川下の彼方」へと帰ってゆくと考えることがもっとも妥当なのではないか。ここに「水中他界」なるものが想定されよう。しかし、京の祖霊信仰に見られる他界の観念は非常に複雑な要素が錯綜しており、安易な判断は許されない。

また小野がいうように、水神の祀りが古くにあり、それに祖霊信仰が融合して水と関連した先祖霊祭祀の方式が生まれたのかもしれない。しかし起源はどうであれ、珍皇寺の六道参りと十六日の精霊送りの方式を見る限り、京の人々の中に、先祖霊を水中から迎えて水中へ送るとする意識があったことは否定できないのではないかと筆者は考えている。

ここでもし「水中他界」なるものを想定するのであれば、その前提として、少なくとも「水」が備え持つ霊力と、「水」に対する人々の認識について熟考する必要があろう。さらに「川下の彼方」の世界とは、いったいどこを指すのかに関しても、他の事例からも考察してみる必要があろうと思われる。

六　水の鎮送的呪力

珍皇寺や引接寺の六道参りをめぐる盆の習俗をふり返ると、とにかく水に関連するものが非常に多いことに気づく。まず水回向である。水塔婆に槙の葉で水を注ぐことには何の意味があるのだろうか。仏教でいう「灌頂《かんじょう》」だけで説明しようとするのは少し無理があるように思われる。また京の旧家では、盆の仏壇に、茶碗の中に蓮の葉を敷き、その上から水を入れ、上に高野槙を浮かべたものを供えるという。この水は、親類たちが訪れた際、必ず新しい水と入れ代えてから仏壇に参ってもらうという。さらにこの水は、井戸がある家では、必ず井戸の水を使用していたという。

筆者は幼い頃、市内の浄土宗寺院の境内墓地で、先祖の墓参りの際、墓石の前列の石がくぼんだ所に水を入れ、その上に「オハナ」とよんでいる樒《しきみ》の葉を一枚浮かべている祖母の行為が不思議に思えてならなかった記憶がある。今考えてみると、それは盆の仏壇に供える槙の葉を浮かべた水茶碗に相当するものではなかったかと思う。この樒や槙の葉は、精霊への供物というよりも、精霊の依り代であると考えられていたのであろう。

水には「禊《みそぎ》」の行為からもわかるように、浄化の作用があるとされている。また他に流れるという特性を有することから、物体や魂を遠方へ送るという輸送の効力があるということも周知のことである。

「過ぎたことは水に流す」という表現がある。また、離別してゆく者同士が「水さかずき」ということをする。さらに、死に際に「末期の水」を飲ませると、苦しまずに息をひきとるという伝承も各地で聞かれる。婚姻習俗の中に「合わせ水」というものがある。これは、北陸地方で、嫁が生家から持参した水を婚家の水と混ぜ合わせ、入家する際に飲むというものである。また東北地方で聞かれる「嫁抱き」の習俗で、嫁が婚家に入家する際、ヒシャクで水を飲まされるという伝承がある。これらの婚姻習俗における水は、いずれも、嫁が婚家の門口を越える、あるいは敷居をまたぐ際に飲まされる。つまり、門口や敷居という境界を越える際に水が用いられているのである。法社会学・比較民族学の権威である江守五夫は、その著書『日本の婚姻』の中で、これらの水をめぐる習俗から、水が離別＝加盟儀礼の際に用いられていることを指摘している（江守五夫 一九八六）。

筆者は、水は次元境界を越える際、その移行を促す力を持っているのではないかと思う。つまり、水には、境界を越える際の荒ぶるエネルギーを鎮め、向かう世界にすみやかに定着させる力があるということである。筆者はこのような水の力を「鎮送的呪力」とよぶ。種々の境界を越えることは危険を伴う行為である。水は、スムーズに境界を越えるための潤滑油的役割を果たしていたことになる。すると、他界と現世の境界を越える際に水が用いられたことは当然であり、珍皇寺の水回向や仏壇に供える水茶碗などは、すべてこの水の力に基づいて生まれた習俗であると解することができる。また先祖霊を迎え、送る場所が水辺であることが多いという現象も、この解釈によってうまく説明がつく。さらに仏教でいう「灌頂」が人々の間に受け入れられ、出産で死亡した女性の供養の方法としての「流れ灌頂」などの形で民俗化してゆく背景にも、このような水に対する人々の意識があったことが想像できよう。

七　御霊会と水への信仰

本節からは対象とする具体事例を変え、京の夏まつりの中に見られる水への信仰と、そこから導き出せるであろう、他界観について考えてみることにする。

京の夏まつりといえば、誰もが祇園祭を思い浮かべよう。今日の祇園祭は、近世末までは「祇園御霊会《ごりょうえ》」とよばれる、仏教式で行なわれていた祭事である。そもそも「御霊」とは、非業の死をとげ、この世に未練や恨みを抱く死者の怨霊を意味する。このような怨霊たちが人々に疫病を振りまくことから、荒ぶる霊を歓待し慰撫することによって、この世に災厄をもたらさぬように京の都の外へ送るためのまつりが御霊会である。御霊会は平安時代にはインドから伝わった牛頭天王《ごずてんのう》のまつりと習合し、やがて祇園御霊会として定着する。牛頭天王はインドでは祇園精舎の守護神とされているが、日本では御霊信仰と結びついて疫神とみなされるようになり、この神を丁重に祀れば疫病やその他の災厄から免れることができるとして広く民間にも普及した。御霊信仰は風流《ふりゅう》をともなったはなやかな数々のまつりを生み出した。風流とは、まつりに登場する趣向をこらした山や鉾などの山車《だし》・囃子物《はやしもの》・歌踊などを指す。祇園祭の山鉾や種々の芸能は風流の代表例である。

第一章でも詳述したが、京のまちに展開する御霊たちのまつりは、春に桜花が散り始める頃から初夏にかけて、疫病がもっとも流行しやすい季節に、疫神をさまざまな芸能や歌舞によって鎮め、都の外へ送ることを目的として行なわれた。この季節に蔓延した疫病は、梅雨の集中豪雨による河川の氾濫《はんらん》とも深く関わっている。鴨川や桂川などの河川は、かつてはよく氾濫した。河川の氾濫は水害であると同時に、その後には伝染病の流行という二次的な被害をもたらすことは今も知られたことである。だからこそこの季節に、災厄や疫病の招来の根源とされる御霊を祀り、都の平安を祈願したのである。

春から夏にかけて京に展開する御霊信仰に関連した種々のまつりには、随所に人々の水への祈りや願いが見え隠れしている。それは、人々の河川の氾濫と疫病流行への不安、さらに水や河川に対する畏怖の念の表象として、古い時代には京の水を差配することを目的に種々のまつりが行なわれたことを示唆するものではないかと思われる。

八　難波の海へ送られた神々

京のまちで御霊会が行なわれるようになるのは、平安時代中期の九世紀から十世紀頃のことである。初期の御霊会は必ずしも祇園という地に固定されていたわけではなく、洛中を取り囲む周縁の地で行なわれていた。たとえば『日本三代実録』貞観《じょうがん》五年（八六三）五月の条には、旧暦五月二十日に疫病が大流行して多数の死者が出たため、朝廷が主導して神泉苑で盛大な御霊会が行なわれたとの記録がある。これが今日伝わる御霊会の最古の記録とされている。ここで注目すべきは、御霊会が行なわれた神泉苑という場所である。神泉苑については第一章でも少し触れたが、ここは自然の泉を活用して平安京造営の際に造られた朝廷の庭園であり、天皇や貴族の遊行の地でもある。弘法大師が善女竜王を神泉苑に勧請して雨乞いを行なったことでも知られるように、ここは朝廷が管理した水の聖地でもあった。また祇園社の社伝によれば、貞観十一年（八六九）にも都に疫病が流行して多数の死者が出たので、この時は六十六カ国の鉾を作り、神泉苑で牛頭天王を祀って泉へ送ったと伝えられている。このように、初期の御霊会はたびたび神泉苑で行なわれていたことがわかる。このことは、神泉苑が疫神を送るにふさわしい場所だったことを示しているといえよう。

神泉苑で祭祀を受けた御霊たちは、最後はどこへ送られたのだろうか。平安時代に編纂《へんさん》された歴史書で、正史である六国史の抜粋でもある『日本紀略』正暦五年（九九四）

六月の条には御霊会の記載がある。少し煩雑《はんざつ》にはなるが元文を紹介しよう。

十六日丙申、公卿いか至于庶民、閇門戸不往還依妖言也（中略）廿七日丁未、為疫神修御霊会、木工寮修理職造神輿二基、安置北野船岡上、屈僧令行仁王経之講説、城中之人招伶人、奏音楽、都人士女齎持幣帛、不知幾千万人、礼了送難波海、此非朝議、起自巷説

そもそもこの年は多数の死者が出て、六月十六日には疫神がまちを横行するとの妖言も飛び交い、事の重大性を察した朝廷は、史料中にあるように、この時は神泉苑ではなく紫野の船岡山で盛大な御霊会を営み、新調された二基の神輿が最後には難波の海へ送られたと記されている。神輿に集められた御霊たちは、おそらく実際には鴨川か堀川へ流され、その結果として最後には難波《なにわ》の海へ送られたと解されていたのだろう。古人は京に蠢《うごめ》くさまざまな疫神、その他の神仏も、すべて難波の海へ送ることでそれらの存在は無に化すものと信じていたに違いない。その意味で、京のまちを流れる河川は、疫神送りになくてはならない通路だったのである。

九　祇園祭に見える水の信仰

祇園御霊会は平安期以降、千年余の時空を超えて現在に繋がっている。気の遠くなりそうな時間の中で、祭事そのものは大きな変化を示してきた。しかし今日の祇園祭も、やはり水への想いに彩られたまつりであることに変わりない。それを示すいくつかの具体例を紹介しよう。

祇園祭といえば、多くの人は山鉾のまつりだとイメージされるだろうが、本来祇園祭の最重要部分は山鉾ではなく神輿である。十七日の山鉾巡行が終了した夕刻に、八坂神社から三基の神輿が出て御旅所へ渡御する。そして二十四日の後まつりで、神輿は御旅所から八坂神社へ還る。神輿の渡御、つまり本社から御旅所へ神が移動することと、これが祇園祭でもっとも重要な神事である。平安時代には京の市中に二カ所の御旅所が作られた。一つは大政所御旅所で、もう一つが現在の車屋町《くるまやちょう》夷川《えびすがわ》上がるにあったと伝えられる少将井御旅所である。三基の神輿のうち、牛頭天王の妃である婆梨采《はりさい》女《にょ》を乗せた西御座の神輿がここへ渡御した。この御旅所にはその名の通り「少将井」

とよばれる名井があった。平安後期、都で疫病が流行った時、京中の特定の井戸水を飲むことで病を癒すとの信仰が起こり、それが霊水信仰として広まってゆく。少将井の信仰もまさに霊水信仰の一例であったと思われる。

やがて豊臣秀吉が二カ所の御旅所を今の寺町四条の御旅所に統合し、少将井御旅所は廃止された。しかしそれ以前は「少将井」という霊水の湧く井戸があり、そこへ祇園社の神輿が渡御したという事実は、水と祇園祭の深い関わりを示す一事例だといえるだろう。

ところで、大勢の観光客で賑わう宵山に先立ち、七月十日には神輿洗いが行なわれる。これは、八坂神社から中御座の神輿が四条大橋の上まで引き出され、そこで鴨川の水を汲み上げて神輿に振りかける神事である。この水を浴びると無病息災とも伝えられていることから、近年では多くの見物客でごった返す。神輿洗いの意味は、まつりに先立って鴨川の水で神輿を清める、禊ぎの儀礼だと説明されている。これだけなら何の疑問もなく納得できる。しかし神輿洗いはもう一度行なわれる。しかもそれは七月二十八日である。神輿が本社から出て御旅所へ向かうのが十七日、御旅所から八坂神社へ還るのが二十四日である。神の旅程は二十四日で完了しているはずだ。にも

祇園祭の神輿洗い（村上文彦氏提供）

かかわらず、その四日後に再び神輿洗いを行なうのはなぜなのか。まつりを終了するための二度目の禊ぎだといわれても、とうてい合点はいかない。

筆者は、これは次のように考えるべきだと思う。すなわち鴨川の水を汲み上げることは、鴨川の神を神輿に乗り移らせるという意味があるのではないか。それが十日の神輿洗いである。そしてまつりが終わり、神輿に乗っていた川の神を再び鴨川へお返しする儀礼が二十八日の神輿洗いなのではないか。このように考えることによって、二度行なわれる神輿洗いの本来の意味が見えてくるように思う。ならば、祇園祭は鴨川の神、すなわち川神（水神）を迎えて行なわれるべきまつりだったことになる。神輿洗い

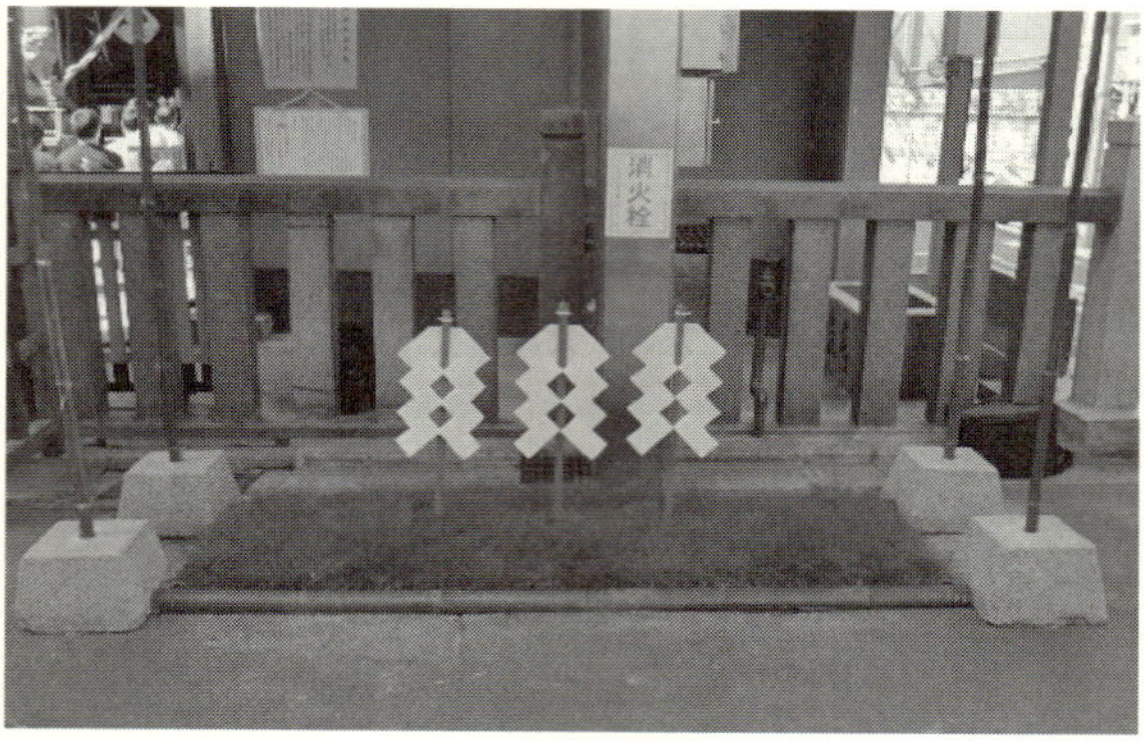

三条御供社に立てられたオハケ

は、まさに川神祭祀としての祇園御霊会を今に伝える事例だといえるのではないだろうか。

さらに興味深い事例がある。三基の神輿が二十四日に御旅所から本社へ還る際、四条寺町の御旅所からずっと外れた西方の地までやってくることを知る人は少ない。その地とは、堀川通りをさらに西へ入った三条通にある「御供《ごく》社《しゃ》」である。ここは八坂神社の御旅所の一つで、「又旅社《またたびしゃ》」ともよばれている。そこでは神輿を迎えるための芝生が敷かれ、その上に神の依代である三本のオハケが立てられる。八坂神社とは真反対方向にある西の地まで、なぜ神輿はやってくるのか。

御供社がある場所は、かつての神泉苑の泉の南端にあたるという。また芝生を敷くのは神泉苑の泉の岸を表すためともいわれている。祇園社の神輿は、まつりを完了するにあたり、神泉苑まで来て最後の神事を催行する必要があったのだろう。この儀礼を経て、ようやく神輿の祭事は完了することができたのである。御供社で行なわれるオハケ神事は、祇園祭と神泉苑が深く関わっている証だといえるのではないだろうか。

十　むすびにかえて

さて、後半の諸節において見てきたように、少なくとも祇園祭は、水や河川と深い関わりを有するまつりであり、それはより具体的にいえば、疫病の源とされた御霊たちをまさに「川下の彼方」へ送ることが目的であったということができよう。ここでいう「川下の彼方」、それはすなわち「難波の海」であることは、先述の正暦五年の祇園御霊会の記録からも明らかだといえるだろう。このことは、御霊会が祇園という地に定着する以前には、頻繁に神泉苑において御霊会が行なわれていたことからもわかることである。ここで、神泉苑の泉へ御霊を送る意味について説く前に、京の水の流れについて確認しておく必要がある。

第一章でも述べたが、これまでの種々の調査から、京都盆地の地下には琵琶湖とほぼ同じ水量の水が存在するといわれている。その地中の水は決して澱んでいるわけではなく、常に北東から南西方向へ移動しているという。確かに京を流れる河川の向きに注目してみると、たとえば鴨川は、ＪＲ東海道線と交わるあたりまでは南行して流れるが、九条通りあたりから流れを西に振り、桂川・宇治川・木津川と合流して淀川となり、天王山の麓を通ってやがて大阪へと流れ込む。つまり京都盆地を流れるすべての河川は、地上を流れる河川も、また地下水脈も、必ず天王山麓を通るのであり、いわばここが唯一の水の出口だったことになる。

このように考えると、神泉苑は京の地中に大量に眠るといわれている地下水が湧き出た泉であり、そこへ御霊たちを送るということは、天王山麓を通る地下水脈を経て、やがて淀川へと注ぎ込むことを見越していたのではないだろうか。つまり鴨川へ送られた神々も、神泉苑へ送られた神々も、同じく淀川へと流れ込み、遂には難波の海へと運ばれたということである。

さらにもう一例、川下の彼方へ送られたものを紹介したい。それは筆者がまだ幼い頃のことである。記憶から想像するにおそらく昭和三十年代半ばから後半頃のこと。

二月の節分では家族で豆まきを行ない、その後数え年プラス一個の豆を食べるという慣習が京にもあった。ただし豆を食べた後、それと同数の豆を再度選り分けて、家族全員分の豆を半紙に包み、家族がそれぞれ身体の悪い個所を撫でた記憶がある。これは身体の悪い部分を撫でることで、それを豆に託すことを意味していたのだろう。家族の痛みや病、あるいは災厄が移された豆は、その後お盆の供物を流す時と同様に鴨川へと捨てられた。

ここからわかることは、疫病の源とされた御霊や盆に帰ってきた先祖霊だけではなく、人々の病や災厄を託された節分の豆も、すべて鴨川の川下へ送られたということである。このように、京ではさまざまな神や仏、あるいは諸霊・人形など、霊的な存在はすべて「川下の彼方」へと送られたのである。

ここまでの考察により、京の人々にとっての「川下の彼方」とは、淀川を意味し、さらにその延長線上としての「難波の海」が想定されていたことがわかってきた。ではここで、京の他界観についての総括を行ないたいと思う。

筆者は、他界とは死者が赴く場所という狭義の意味のみならず、神々やその他の諸霊たちもともに送られるべき場所ではなかったかと考えている。それは全国各地に伝承されている民俗空間としての「他界」を考えてみても容易に理解できることであろう。すなわち京においては、盆に帰り来た先祖霊たちは「川下の彼方」へ送られたのであり、それは京を流れるすべての河川が淀川を経てやがて難波の海、すなわち大阪湾へ流れ込むことを想定した精霊送りだったのである。また先祖霊たちは、翌年には同質空間である水中を経て、珍皇寺の井戸から懐かしい故郷の家々へと帰って来ると考えられていた。さらに御霊や疫神、さらには人々の災厄を託された節分の豆など、あらゆる諸霊も「川下の彼方」へ送られたのであり、それは先祖霊たちと同じく、川下にある「他界」へ赴くものと信じられていたのではないだろうか。

ところで、中世史研究者の高橋昌明は最近の著書の中で、正暦五年に船岡山で盛大な御霊会が開催され、二基の神輿が最後は難波の海へ送られたことに触れている。高橋は、神輿が流された水流について「該当する流れは、大徳寺周辺の諸川が集まって南下するそれだろう。これは大宮通を通って上立売《かみだちゅうり》で東に流れ、堀川に入って南下し（中略）やがて天神川に合流する。天神川は桂川に流れ込むから、理屈の上では、船岡山の麓から流した神輿も、やがて日本国の〝祓所《はらえどころ》〟と考えられていた難波の海に流れ入る」といい、難波の海、すなわち今日の大阪湾を「日本国の〝祓所〟」であるとする説を提示している。難波の海がはたして「日本国の〝祓所〟」とまでいえるかどうかは別としても、この説から、少なくとも京の人々にとっては、難波の海がさまざまな神仏やケガレなどを送り、流し込む場所であったことは確かなようである（高橋昌明 二〇一四）。

ここで再び「はじめに」で掲げた問題提起に戻りたい。筆者は冒頭で、他界観はそれぞれの時代においてさまざまな理解が可能であり、まさに困難極まりない課題であると述べた。ここまで考察を進めてきて、まさに本テーマを究明してゆくことの困難さを改めて悟ったような気がする。しかし一方で、多角的な視座から考察を試みることにより、今までは見えなかった問題解決のための糸口は示せたのではないかとも考えている。もちろんそれはまだ可能性の段階であり、それを今後より実証的に、かつ明晰に提示してゆくためには、より多くの具体事例の考察と歴史的な変遷を追いながら丁寧に文献史料を探ってゆく作業が求められるだろう。

第三章　愛宕山と愛宕信仰——勝軍地蔵と火伏せの祈り

一　はじめに

京都市の北西、戌亥《いぬい》の方向にひときわ高く聳《そび》える山が見える。それが愛宕山《あたごやま》である。地元の人たちは親しみを込めて「愛宕さん」とよぶ。愛宕山の標高は九百二十四メートルで、かつての山城国と丹波国の国境に位置し、京都市内から臨める山々の中では最高峰である。愛宕信仰は早くに神仏習合をとげ、中世には勝軍地蔵がその本地仏として崇敬されるようになった。愛宕信仰は愛宕山に集まった多くの修験者たちによって各地に広められ、近世以降は民間では火伏せの神、また境界を守る塞の神《さえのかみ》として広く信仰されている。

「愛宕」という名を有する社は、日本全国に分布しており、その総数は小社まで含めれば千五百社を超えるといわれている。愛宕信仰に関しては近世の若干の史料以外には記録が少なく、特に中世から近世の状況に関しては不明な点が多い。また愛宕信仰に端を発したと思われる、松上げなどと称される火まつりが、京都府中北部の丹波山地の山村を中心として広い範囲に分布しているが、それらの詳細な調査研究も数少ない。本章では愛宕山と愛宕信仰の歴史と民俗、および愛宕信仰の全国への伝播の様子について考えてみたい。

愛宕山遠望（出水伯明氏撮影）

二　愛宕山の開山と戦国武将たち

愛宕山は八世紀初頭の大宝年間に、修験道の開祖であるとされる役行者《えんのぎょうじゃ》と加賀白山ゆかりの僧泰澄《たいちょう》によって開かれたとの伝承を持つ霊山である。今日の愛宕神社は全国各地にある愛宕社の総本宮として、主祭神は伊弉冉尊《いざなみのみこと》と火神である迦遇槌命《かぐつちのみこと》を祀り、多くの人々から火伏せの神として尊崇されている。

平安中期に記された『延喜式』の「神名帳」には、「丹波国桑田郡阿多古神社」と記されている。この「阿多古《あたご》神社」は、今日の亀岡市千歳町国分に鎮座する愛宕神社（通称「元愛宕」）がそれに相当するという説もあるが、詳細は定かではない。愛宕山には平安時代に天台宗と真言宗両義の白雲寺が建立され、以後この寺院が愛宕山の実権を握ってきたといわれている。

中世には多くの修験者が愛宕山に住んだところから、愛宕権現太郎坊《ごんげん》とよばれる天狗と考えられるようになった。一方その本地仏として勝軍地蔵《しょうぐん》が祀られた。勝軍地蔵を尊崇する者は戦で勝利を得るといわれ、特に戦国武将たちにその信仰が広まった。

天正十年（一五八二）に明智光秀が本能寺にて主君織田信長を討つことは誰もが知るところだが、光秀がその数日前に愛宕山へ登り、連歌会を開催したことはあまり知られていない。そこで彼が詠んだ歌が「時はいま、雨が下しる、皐月《さつき》かな」というものである。これは解釈の仕方によって「土岐《とき》一族の一員である光秀が、まさに天下を取る皐月の季節である」とも詠めるのであり、おそらく光秀は愛宕山で信長を討つことを決意したのではないかともいわれている。

勝軍地蔵（金蔵寺）

明智光秀のほかにも、全国の戦国武将たちが挙って愛宕を京都から地元へ勧請《かんじょう》した。そのために、今でも全国各地に愛宕が祀られている。たとえば宮城県仙台市には、「仙台における総鎮守」と位置付けられる愛宕神社がある。米沢にいつの頃か勧請されていたのを、伊達家十五代晴宗が十六世紀の永禄年間に本地仏を安置させたのを中興とする。藩祖政宗が仙台に居を移す際に同社も遷座し、慶長八年（一六〇三）に仮の社を設け、二代藩主忠宗の時代に現在の愛宕山へ移されたと伝えられている。その後、五代藩主吉村は祭田や勝軍地蔵像、勝軍地蔵画像などを寄進している。

他にも、拝殿には武芸に関する数々の大絵馬が寄進されている。これらの絵馬の中に、白石《しろいし》城の城主である片倉小十郎重綱《しげつな》が京都の愛宕山に寄進した絵馬の下絵が残されている。同絵馬には、猪に乗った烏天狗《からすてんぐ》が描かれており、片倉小十郎重綱が大坂の陣に出陣した折、猪に乗った烏天狗が夢枕に現れて導かれたことによって大勝利を得たと伝えられる。京都の愛宕神社には、実際に寄進された絵馬が本殿の奥に安置されており、幾度も補修が加えられてきたことが縁に刻まれている。近世には、愛宕信仰は全国に広まり各地に神社も勧請されるが、本社である京都の愛宕神社と各地の愛宕神社が有機的な繋がりを持っていたかは疑わしい。その中で仙台の愛宕神社は、京都から直接勧請されてきたという伝承を持ち、片倉家も絵馬が破損するごとに修理をするなど、長きにわたって繋がりを持ち続けていたことは、近世における愛宕信仰のあり方を考える上で大変興味深い事例だといえるだろう。

三　近世の愛宕山

近世に入ると、愛宕は一般庶民の間では竈《かまど》に祀られる火の神として信仰を集めるようになる。その背景には、徳川政権の成立によって戦国の世が治まり、平和が訪れたことから、愛宕山にとってかつての戦国武将たちによる寄進が大幅に減り、白雲寺が存続の危機に立たされたことと深く関わるのではないかと考えられる。そこで愛宕山の修験者たちは、修験道ともともとなじみの深い火を自在に操る技に依り、庶民に火伏せの信仰を流布することで、白雲寺の経営の立て直しを図ろうとしたのではないかと考えられる。修験者たちは、家々の台所で「阿多古祀符《あたごしふ》　火廼要慎《ひのようじん》」と記された火伏せの護符と、愛宕の神花である樒《しきみ》を祀ることを勧め歩き、やがて京の都を中心に、愛宕山に代参して火伏せのお札と樒を各戸へ配布するという慣習が広まっていったものと思われる。その信仰は現在まで生き続けているのである。

ところで、「お伊勢へ七度、熊野へ三度、愛宕さんへは月参り」という俚諺《りげん》がある。

近世以降、村々では愛宕講を組織して愛宕へ代参月参りを行なった。代参者は祈祷済みの護符と樒を受けて帰村すると、まず村の氏神境内の愛宕社や愛宕灯籠などへ護符を納め、講員や村全戸へ護符と樒を配った。また代参者が帰村する頃、愛宕講の当屋の家で講員が集まり、皆で会食するのが一般的で、このとき代参者から講員に護符が配られた。愛宕の護符は竃神《かまどがみ》である三宝荒神《さんぽうこうじん》や台所の柱や壁に貼り、樒は竃の上などに置いて火難除けにした。

今日でも京都市内をはじめ亀岡市や南丹市などの多くの地域に愛宕灯籠が残っている。そのような村々では愛宕講や村内の組、町ごとに毎日順番を決めて愛宕灯籠に火を点す「火とぼし」と称される習俗が見られる。これは木製の手提げの灯籠を毎日順番に家々を回し、当番に当たった家では手提げの灯籠の中の蝋燭に火をつけて愛宕灯籠に火を献じる習俗である。家々では愛宕の手提げの灯籠が回ってくるたびに、火伏せの意識を再確認し、愛宕さんへの祈りとともに灯籠に火を点すのだという。

四　近代から現代の愛宕山

明治初年の廃仏毀釈によって白雲寺は破却され、それまでの仏教色は完全に廃された。以後は寺僧が神職となり、今日の愛宕神社に引き継がれたが、幸いに本尊であった勝軍地蔵は破却から免れて、京都西山大原野にある天台宗金蔵寺《こんぞうじ》に移された。戦後に金蔵寺本堂の後方に小さな堂が建てられ、今日ではそこで勝軍地蔵が祀られている。

昭和四年（一九二九）には嵐山電気軌道嵐山駅から清滝まで愛宕山鉄道、清滝から愛宕山の山頂近くまでケーブルが敷設された。清滝駅と山頂駅の間の二、三キロは、当時としては日本最長のケーブルカーで、十一分余りで到着できた。山上には遊園地やスキー場、ホテルなども開業した。これによってそれまで参道にあった多くの茶店が衰退し、今日では清滝を除けば、そのほとんどが姿を消してしまった。しかし戦争の激化によって、鉄道とケーブルは金属供出の対象となって昭和十九年（一九四四）には休止され、線路は道路となってバス運行に移ったが、戦後もついにケーブルの復興はならなかった。

五　さまざまな祈願と愛宕参詣

愛宕さんへの月参りも、最近ではほとんどの地域が年一回の代参になっている。愛宕さんへお参りをする日は、三月二十三日、四月二十三日・二十四日、五月八日あたりが多い。愛宕参りの日が二十三日や二十四日が多いのは、愛宕の本地仏が勝軍地蔵であるため、地蔵菩薩の縁日である二十四日との関係からではないかと思われる。また五月八日（旧暦では四月八日）は釈迦誕生の灌仏会で花まつりの日である。民間ではこの日を「卯月八日」「ヨウカビ」などといい、山へ登る日であり、山ツツジやシャクナゲ、樒などを採り、それを持ち帰り竿の先に十字に結んで高く立てる民俗行事がある。また修験道での春の峯入り修行の日でもある関係から、愛宕参りを行なうようになったのであろう。

また子どもが三歳までに愛宕へ参ると、一生火災の難をまぬがれるといわれている。筆者もかつて三歳前の娘を背負って愛宕詣でをした経験がある。これは祭神である母神伊弉冉尊が迦遇槌命を出産する時に火傷で亡くなったという故事に由来するのかもしれないが、愛宕が産育の神として信仰されていた一面もあると考えられる。

かつては六月二十三日から二十四日にかけて愛宕の千日詣でが行なわれていた。この日は多くの老若男女が夜を徹して参拝し、愛宕山九合目の花売り場で樒を買い求める。この日に愛宕へ参れば千日分の参拝と等しい功徳が得られるといわれている。今日では七月三十一日から八月一日が千日詣の日と定められ、この日だけは山麓の嵯峨周辺も夕刻から深夜にかけて車の渋滞が続くほど、多くの参拝者たちでごったがえす。

六　愛宕山の登山口と山麓集落

愛宕山への一般的な登山口は、嵯峨清滝・嵯峨水尾・嵯峨樒原・北桑田郡（現右京区）京北町《けいほく》細野の四カ所であろう。清滝からの道は表参道とよばれ、もっともポピュラーな登山道である。また水尾からの道は距離的には近いが、急坂が続くために楽さ加減は清滝からと変わらない。また細野からの道は極端に距離が長い。その点樒原からの道が一番楽かもしれない。しかし京都から樒原へ出ることは大変な遠回りであり、樒原には丹波口の鳥居があることからも、この道はもっぱら丹波方面からの参詣道であったことがわかる。いずれにしても愛宕詣では決して楽ではない。表参道は距離にして約四、五キロの道のりだが、八百メートル以上の標高差を登らねばならず、その意味で愛宕詣では単なる社寺参詣の域を越えた、一種の登山であると考えるべきだろう。それにもかかわらず、春や秋の休日ともなると表参道は多くの老若男女たちで賑わう。

今日では清滝までバスが通じているので、表参道の登山は清滝からスタートするが、かつては嵯峨鳥居本《とりいもと》が出発地点であった。鳥居本には愛宕の「一の鳥居」があり、そこから愛宕神社までは五十町、すなわち約五・五キロの道のりである。参道には一町ごとに標石が立っている。清滝トンネルが開通するまでは鳥居本から試峠《こころみとうげ》を越えて清滝に出た。清滝は、近世には愛宕参詣者のための水垢離場《みずごりば》として発展した村である。清滝の集落は参道十二町目から十三町目に位置する清滝川沿いの静かな村で、「鍵屋」「中屋」「伊賀屋」などの名の参詣者を迎える多くの茶店があり、今日でもかつての面影を偲ぶことができる。

愛宕神社一の鳥居

愛宕神社二の鳥居

花売り場

七　表参道を登る

清滝の「二の鳥居」を過ぎると道は急になり、特に十四町目付近は「壷割坂《つぼわりざか》」とよばれる難所である。かつては清滝から三十町目まで、あわせて三十近くの茶店が建ち並び、参詣者はそれぞれ古くからのなじみの店で名物の「愛宕しんこ」と称する菓子などをいただいて休憩を取った。「しんこ」とは米粉と砂糖を練ってゆでた独特の菓子である。やがて四十三町目を過ぎたあたりに「花売り場」とよばれる小屋がある。水尾の女性がここで愛宕の神花である樒を売っていた。家々にオクドサン（竈）があった時代には、毎日一枚ず

愛宕神社本殿（出水伯明氏提供）

つ樒を竈にくべて火伏せを願ったという。竈がなくなった今日では、樒は神棚などに祀られている。この他にも樒は煎じて飲むと風邪に効く、あるいは樒を上にのせておくと味噌が腐らないなどといわれている。かつては水尾の年配の女性たちが毎日のように樒を背負って登っていたが、この仕事は相当な重労働であるため、今日では「花売り場」は参拝者の多い千日詣での日にだけ開けられている。

「花売り場」を過ぎてしばらく登ると、ようやく黒門とよばれる白雲寺の山門に出る。ここから内側がかつての白雲寺境内で、近世には寿福院・威徳院・長床院・大善院・教学院・宝蔵院という宿坊があった。火伏せの護符は、かつてはこれらの宿坊で売られていた。さらに長い石段を登りきるとようやく愛宕の本殿に到着する。歩きなれた人でも鳥居本から三時間、清滝からでも二時間半は要する愛宕登山の終着点である。

八　地方へ伝えられた愛宕信仰

地方へ伝えられた愛宕信仰の事例として、秋田県と長崎県佐世保の事例を紹介しよう。山形県との県境に近い秋田県雄勝《おがち》郡雄勝町（現湯沢市）院内にある愛宕神社には、勝軍地蔵の石仏が祀られている。雄勝町の愛宕神社は、近世には藩主佐竹氏から篤く信仰され、十八世紀初頭の正徳年間には「藩内十二社」の一社に定められている。それにしても、京都の愛宕社では神仏分離が徹底的に遂行され、勝軍地蔵は他寺院への移動を余儀なくされたが、東北地方では、その意味では神仏分離は不完全な状態で、今なお完結していないということになる。これ以外にも、岩手県遠野市周辺地域、宮城県仙台市や白石市周辺でも、愛宕社で勝軍地蔵が祀られているという例が数多く見られる。

このように東北地方では、今も愛宕と勝軍地蔵との繋がりが見られる。もちろん現在では、愛宕を軍神として祀ることはないのだが、少なくとも勝軍地蔵は、古い時代の軍神としての愛宕のイメージを今に残す事例だといえるだろう。東北地方の各地で今もひっそりと祀られている勝軍地蔵は、火伏せ・厄除け・子どもの守り神など、多様な信仰内容を有し、全国各地にさまざまに展開する愛宕信仰を象徴する格好の例ではないかと思われる。

また、長崎県佐世保市中里には、真言宗智山派岩戸山東漸寺《とうぜんじ》という古刹がある。江戸時代には平戸印山寺の末寺となり、また相浦川の河口に近い地域に広がる、一般に「相神浦七ヶ村《あいこのうら》」とよばれる村々の祈願所として、人々の篤い信仰を集めた。本尊は室町時代の作と伝えられる薬師如来立像である。

ところで、相神浦（今日では相浦《あいのうら》）には周辺の村々を見渡せる絶好の位置に、飯盛山、通称愛宕山とよばれる、円錐形の美しい山が聳えている。標高約二百六十メートルの山頂には愛宕社が祀られており、そのご本尊が東漸寺の勝軍地蔵尊である。東漸寺の本堂には、ご本尊とは別に甲冑《かっちゅう》をまとって白馬にまたがり、右手に錫杖《しゃくじょう》を、左手に如意宝珠《にょいほうじゅ》を持つ地蔵尊、つまり勝軍地蔵が祀られている。この勝軍地蔵は二月二十四

愛宕山山頂で祀られる勝軍地蔵

日が縁日とされ、この日に東漸寺住職が勝軍地蔵尊を背負って愛宕山に登り、二十六日までの三日間、愛宕山頂の祠でご開帳されることになっている。これが地元で「愛宕まつり」とよばれる、春を迎えるための恒例の行事である。毎年二月二十四日から二十六日までの三日間、普段は東漸寺本堂で祀られている勝軍地蔵は、東漸寺住職の手で丁重に愛宕山頂に運ばれ、山頂の愛宕社の石祠で祀られる。まつりの期間中、相浦本通りでは市が立ち、多くの買い物客で賑わいを見せる。また地元の人たちを中心に、大勢が参拝のために愛宕山頂をめざし、参道は混雑が続く。愛宕山頂へは相浦本通りから愛宕山参道を登って、約二十分から

勝軍地蔵と東漸寺住職

三十分程度で到着する。なお地元の研究者である池田和博の調査によれば、愛宕祭りは戦前までは愛宕山初祭りと称されて、旧暦一月二十四日に行なわれていたという。

東漸寺の愛宕勝軍地蔵の起源に関して、同寺所蔵の「天保二年愛宕権現神躰彩色遷宮控」と称される文書に比較的くわしい記述が見られる。それによれば、愛宕勝軍地蔵が東漸寺に勧請されたのは十六世紀末から十七世紀初頭の慶長年間であるという。また軍功のあった松浦氏の先祖諸霊の鎮魂と、鎮護国家を目的として、格別の趣意をもって相浦の愛宕山頂にある愛宕宮を建立し、そこへ愛宕勝軍地蔵を勧請したと記している。ならば愛宕宮へ勧請される以前、勝軍地蔵はどこで祀られていたのか。このことに関して、池田和博は自らの論文の中で、「愛宕勝軍地蔵は、飯盛山頂に祀られる以前は、飯盛城内にあったという伝承がある。同じ下松浦における松浦党の一派で、平戸松浦氏とは絶えず対立関係にあった山代氏の祖霊を祀っている青幡神社の本地仏が同じ勝軍地蔵であることなどを考え合せるならば、愛宕勝軍地蔵が宗家松浦氏統治時代から存在した可能性もある」と述べ、愛宕勝軍地蔵と相神浦松浦氏（宗家松浦氏）との関わりについて示唆している（池田和博 一九九六）。ここでいう山代氏の祖霊を祀っている青幡神社とは、佐賀県伊万里市東山代町にある青幡神社を指し、この神社の本地仏が勝軍地蔵だとされている。

ところで、宗家松浦氏は十五世紀から相神浦とその周辺地域を約百年間にわたって支配した。その間、相神浦の飯盛山を拠点として平戸松浦家と壮絶な争いを繰り返した。第十六代松浦親が永禄八年（一五六五）についに平戸松浦家と和睦し、事実上平戸の松浦隆信の勝利が確定した。それ以後、相神浦周辺は平戸松浦家の支配下におかれることになった。よって、慶長年間の時期に飯盛山頂に愛宕宮を建立し、その本地仏としての勝軍地蔵の祭祀と管理を東漸寺に委ねたのが、平戸松浦藩主となった松浦隆信である可能性は高い。また池田がいうように、勝軍地蔵が元は宗家松浦氏の居城である飯盛城内に祀られていたのだとすれば、松浦隆信が、宗家松浦氏の戦没者および諸霊鎮魂と、相神浦を中心とする領内安全を祈願して、愛宕勝軍地蔵を飯盛山頂に勧請して祀ったという仮説は正しいと考えるべきであろう。

さて、愛宕山頂には祠の脇に中央に炉が切られた小さな小屋があり、まつりの期間中、ここで種々のお守りやお札が販売される。またこの小屋は籠り堂としての役割も有しており、東漸寺の住職をはじめ檀家の役員の人たちの何人かは、まつり期間中この小屋にお籠りするのだという。実際に筆者が訪問した時も、十人近い方々がお籠りをされていた。水がない山中で、かつ一年で一番寒い季節のお籠りは想像以上に大変だといわれている。しかし早朝から参拝に訪れる人たちがいるために、必ず何人かは籠らなければならないのだといわれている。このように、二月の愛宕まつりの期間だけに限定して愛宕地蔵が飯盛山頂でご開帳されるという形式は、実は戦後になって行なわれるようになったという。戦前までは、勝軍地蔵は常時飯盛山頂で祀られていたようだ。それが戦後になって、仏像の盗難や破損という不祥事が相次ぐようになり、その結果普段は本堂に安置して、一年に一度だけ飯盛山頂に運ばれて多くの参詣者にご開帳されるようになった。

相浦では、近世に勝軍地蔵は一般庶民の素朴な祈りの対象として信仰の範囲を広げていった。しかしそこには、「火伏せ」を叶えてくれる仏という性格を認めることはできない。東漸寺には享保十二年(一七二七)、天明五年(一七八五)、天保二年(一八三一)という三枚の愛宕勝軍地蔵に関する棟札が残されている。これらに記された願文を見ると、三枚ともに「武運長久」「領内安全」「社内案穏」「子孫繁栄」「五穀豊穣」「萬民快楽」という六つの祈願目的が記されており、そこに「火伏せ」や「鎮火」の文字は見られない。このことから、近世における相浦勝軍地蔵は火伏せの信仰対象としてではなく、あくまでも先述したような一般的な祈願、信仰の対象として祀られていたのであろう。

筆者が実際に愛宕山頂で勝軍地蔵を参拝する人たちから話を聞いた限りでは、現在でもそのような性格は基本的には変わっていないように感じられる。しかし一方で、相浦勝軍地蔵は特に火難除けの霊験があらたかで、相浦で大火があった時に、天空に勝軍地蔵が現れて見る見るうちに鎮火したという伝説も伝わっており、この話は東漸寺が参拝者に配布しているパンフレットの中にも記されている。これはおそらく、明治以降に京都の愛宕信仰、あるいは福岡の愛宕神社の信仰の影響を受け、相浦愛宕勝軍地蔵も領内安全や五穀豊穣の信仰対象から、愛宕であるがゆえに、「火伏せ」「火難除け」の信仰対象へと性格を変化させてきた結果、後になって新たに作られた伝説なのではないかと思われる。

九　清凉寺のお松明行事

愛宕は火伏せの神であることから、愛宕にちなんだ行事には火が付き物である。「愛宕火」とも称すべき火の祭礼は数多く伝えられているが、その中でも春に行なわれるのが清凉寺の「お松明《たいまつ》」行事である。嵯峨にある浄土宗清凉寺（通称嵯峨釈迦堂、かつては真言宗）では毎年三月十五日に「お松明」という火まつりが行なわれる。境内に三本の大松明を立て、本堂内の涅槃図《ねはんず》を供養した後、夜八時頃に大松明に火をつける。松明はそれぞれ早稲《わせ》、中稲《なかて》、晩稲《おくて》に見たて、その燃え方でその年の稲の豊凶を占う。清凉寺に伝わる近世の記録によると愛宕神社の神輿は当寺に保管され、寺地は愛宕の神領であり、楼門には「愛宕山」と記されていたということから、当時の清凉寺は愛宕神社の神宮寺とみなされていたことがわかる。なお、お松明の行事は、近世期には愛宕の山中で行なわれていたといわれている。この松明行事は、今日でこそ愛宕信仰との繋がりを示す要素がなくなり、涅槃会《ねはんえ》あるいは稲の豊凶を占う〝年占《としうら》〟としての稲作行事であるかに理解されているが、かつては愛宕山の修験者たちにとっての愛宕への献火を意味する火まつりだったのである。

この他にも、京都府から若狭にかけての山村には、松上げと称する愛宕信仰と深い関わりがある火まつりが点々と分布しているが、松上げについては次章で詳述する。

十　むすびにかえて

火は人々の暮らしになくてはならないものであり、さまざまなものを産み出す源でもある。しかし一方で、火は村や家、さらに人々の暮らしまでも、あらゆるものを焼き滅ぼしてしまう恐ろしい力を秘めた魔物でもある。昔の人々は今日の人たちと比べて、火の恵みや驚異をより深く認識していたのであろう。愛宕の神は、このような人々の素朴な祈りの心の依り所として篤い信仰を集めた。

柳田国男の『遠野物語拾遺』第六十四話に、愛宕の神が火事を消し止めた話が載っている。遠野の某家で失火があった時、大徳院という寺の和尚が一生懸命消火にあたってくれたおかげで、大事に至らずにすんだ。翌日火元の家の者が大徳院に礼を述べに行ったところ、寺では和尚をはじめ、誰一人火事のことは知らなかった。それで、これは愛宕の神が大徳院の和尚に化けて鎮火してくださったと、人々が大いに感謝したという話である。これがいつ頃に語られた昔話であるか、近世か、あるいは明治期なのか、はっきりとはわからないが、少なくとも遠野において、古くから愛宕が火伏せの神として篤く信仰されてきたことは確かであろう。また愛宕の神が寺の和尚に化けて現れたという点も、神仏混淆であった時代の愛宕信仰の姿を髣髴《ほうふつ》とさせるようで大変興味深い。

このような愛宕にまつわるまつりや伝承は全国に分布し、愛宕はそれぞれの地域に応じたさまざまな信仰対象として祀られている。愛宕信仰を論じるには、日本全国を視野に入れ、かつ信仰内容も非常に多岐に及ぶ民俗信仰として愛宕を考えてゆかねばならない。さらに愛宕のみならず、秋葉や古峰の信仰、さらに三宝荒神などの民俗神を含め、火をめぐる民俗信仰を広く研究対象として取り込みながら、巨視的に考察してゆく必要があるといえるだろう。

【コラム】

京都愛宕研究会の活動について

京都には、愛宕山を愛し、愛宕山と愛宕信仰について、さまざまな立場から研究することを目的とした小さな研究会が存在する。その会は「京都愛宕研究会」と称する。愛宕山に興味を持つ地元民が集まり、その歴史や信仰について多くの人に知ってもらう活動を始めたのが十年以上前のことだ。会員は地元を中心に、全国で百人余りを数える。

きっかけは二〇〇一年、京都の居酒屋でのなにげない一言だったように記憶している。愛宕山を愛する博物館学芸員・写真家・イラストレーター・公務員ら、何名かの仲間が集まった。その時、誰かが「二〇〇三年には何かやりたいね」とつぶやいた。二〇〇三年は愛宕神社鎮座一三〇〇年の記念すべき年だ。愛宕山に特別な想いを持つ者として、その節目を飾りたいとの機運が高まった。

そこで考えたのが、山頂の神社本殿前に特設ステージを作り、ゆかりの嵯峨大念仏

京都愛宕研究会

狂言と古典落語を奉納するという催しだった。数名が発起人となって実行委員会を結成し、成り行きで民俗学を専門とする筆者が初代会長に収まった。またちょうどその頃、佛教大学の附置機関として、宗教に関する調査・研究を目的とする研究所が作られ、筆者がその所長に就任したこともあり、京都愛宕研究会と連携して、愛宕山御鎮座一三〇〇年の催しを実施することになった。

　大勢の人たちの助けを借り、山頂まで木材や機材を上げた。戦中の鉄材供出でケーブルカーが廃止されて以来、山頂まではすべて徒歩。四キロほどのつづら折りの急坂を重い荷物を背負って登る。中学から高校時代に山岳部にいた筆者は、鍛錬のためによくこの山を砂袋を持って登ったが、中高年には骨が折れる道だ。

準備が進み、いよいよ本番当日。ところが台風の影響で朝から大雨。山頂はすごく寒い。それでも、荒天にもかかわらず五十名以上の人が集まり、桂小米朝（今の桂米団治）師匠の落語「愛宕山」や嵯峨大念仏狂言を楽しんでもらえた。

これを機に研究会は活動の幅を広げた。翌年には、表参道を中心に歴史を知らせる案内解説板の設置を始めた。ケーブルがあった時代、多くの人が参詣したことを伝える「茶屋跡」「カワラケ投げ」「ハナ売場」、山頂にかつてあった白雲寺の名残をとどめる「黒門」などを解説。現在では十二カ所にまで案内板を増やした。

会員も徐々に増え、二〇〇五年には会報『あたごさん』を発行した。その創刊号の表紙に、筆者は次のような一文を掲げた。「私たちの研究会は、愛宕山や愛宕信仰に関心のある人なら、誰でも、どのような分野からでも自由に関わりを持っていただけるような、不必要な縛りのない会として活動してゆけたらと考えている」。このような基本理念を胸に抱きながら、今日まで十年にわたって活動を続けてきた。さらに古文書などを調べる「資料を読む部会」、各地の愛宕に因んだまつりを見に行く「行事見学部会」、そして全国の愛宕神社や史跡を訪ねる「フィールドワーク部会」の三部会を作り、活動をより機動的にしていった。

また毎年七月末日の千日詣での日に合わせ、「お助け杖」を作って販売も行なっている。千日詣では、その日に登れば千回参詣したのと同じ功徳が得られるありがたい日で、一日で千人超の参詣登山者があるため、お助け杖はよく売れた。ちなみにこの千日詣でには「代参講」と称して、各集落の代表が訪れ、愛宕のお札と樒を大量に持ち帰る。講の歴史は古く、分布地域や数、彼らが描いた絵地図なども、研究会で調査・発掘している。明治の廃仏毀釈で古文書類の多くが焼かれたが、個人や図書館などが保管している例も多く、会での情報交換が発見に一役買っている。

旧白雲寺の本尊が勝軍地蔵だったことから、これを信仰する戦国武将も多かった。先述したように明智光秀もその一人である。本能寺の変の五日前、光秀は愛宕山で連歌会を開いた。これに因んで研究会でも連歌会を再現したことがある。

仙台の伊達政宗はとりわけ愛宕への想いが熱く、その影響で東北には愛宕神社が全国でも最も多く存在する。研究会では東日本大震災の後、何か復興のお手伝いができないかと声が上がった。そこで考えたのが、世に名高い絵馬のお返しである。政宗の重臣、片倉小十郎重綱が戦勝祈願の成就の礼に、京都愛宕山に奉納した幅四メートル、

白石市へ贈られた復元絵馬

高さ三メートルほどもある巨大絵馬。烏天狗がイノシシに乗った愛宕山ゆかりの絵が描かれた絵馬を復元して重綱の故郷へ贈り、被災地の方々を勇気づけようという計画である。実物を文化財復元のプロに調べてもらい、半分のサイズの絵馬を制作。二〇一三年秋には、小十郎ゆかりの宮城県白石市に寄贈した。市長はじめ市民の方々に大変喜んでいただき、博物館に展示してもらえた。

小十郎が愛宕山へ絵馬を奉納したのは一六一五年。その四百年後にあたる二〇一五年、実物大に近

復元絵馬の寄贈式

い大きさの復元絵馬を、今度は京都愛宕山に奉納しようと計画が進行中である。

結成十年が過ぎ、筆者は二〇一四年で会長を退き、これまで実質的に研究会を牽引してきてくれた事務局長に後をゆずった。しかしこれで筆者の京都愛宕研究会での活動が終わったわけではない。これからは一会員として、さらに会を盛り立てていきたいと思っている。

第四章　松明行事と風流——柱松と十二灯の伝承

一　はじめに

火は、元来きわめて素朴な存在である。しかし私たちの先祖は、いつしか火を華美に飾ることを覚えた。さまざまな趣向を凝らし、飾り立てることによって火は美しく変身し、元の素朴な火とはまったくの別物と化す。まさに多くの人々に鑑賞されるための存在として生まれ変わるのである。このような火の変身は「風流化する火」、あるいは「芸能化する火」と表現すべきである。火がもっとも美しく生まれ変わった典型例は、打ち上げ花火であろう。花火も元は信仰に根ざしたものであったが、やがて信仰だけが忘れられ、近年は人々を楽しませる夏の娯楽として広まった。花火以外にも、火が人に見られるために美しく、華麗に変身した例は全国各地で発見することができる。

本章では、風流化する火の中で、特に修験道と関わりの深い「柱松《はしらまつ》」と、盆の送り火の原型だとされる「十二灯」の二種の松明行事に関して、京都と周辺地域のいくつかの事例を紹介しながら、両者の相関性とそれぞれの行事の変遷過程について考察することにより、火が風流化をとげてゆく民俗的背景について考えるための一助としたい。

二　柱松行事としての松上げ

京都北部の丹波から若狭にかけての山村では、一般に「松上げ」とよばれる夏の松明行事が伝承されている。松上げは、基本的には愛宕信仰に基づく火伏せの民俗行事であるが、実際の松上げ行事はきわめて複雑な様相を呈している。今日でも松上げの行事を伝えているのは、京都市北区雲ヶ畑《くもがはた》、左京区花背八桝《はなせやます》・広河原・久多《くた》、右京区京北町《けいほくちょう》小塩《おじお》（旧北桑田郡京北町小塩）、南丹市美山町芦生《あしう》（旧北桑田郡美山町芦生）など多くを数えることができる。それらの中で花背八桝と広河原、および雲ヶ畑の事例を紹介したい。

事例一、左京区花背八桝・広河原

左京区花背八桝では、かつては八月二十四日に松上げが行なわれていたが、今日で

花背八桝の松上げ（鵜飼均氏提供）

は八月十五日の夜に行なわれるようになった。多数の男性の力が必要とされる松上げを維持してゆくために、村を離れている若者たちが故郷へ戻ってくる盆の期間に行事の日を移動したためである。松上げはかつての修験道の影響から、準備から本番まですべてが男性のみによって行なわれ、女性はいっさい関与できないことになっている。松上げの当日、八桝の集落では、上桂川が大きく蛇行するトロギバ（灯籠木場）とよばれる平地の中央に、先端にモジとよばれる籠状の松明受けを取り付けた、高さ約二十メートルの桧の巨大な柱が垂直に立てられる。夕刻になるとその周囲には千本近いジマツ（地松）が立てられる。やがてネギ（禰宜）とよばれる村の神職を中心とした役員たちが、村内にある愛宕社から種火を松明に移し、トロギバに到着すると、いっせいに地松に火が灯される。やがて八時すぎ、鉦と太鼓を合図にトロギバに集まった男たちは、いっせいに先端のモジを目指して上げ松を投げ始める。降り注ぐ火の粉の中、男たちは上げ松を拾っては投げ、また拾っては投げ続ける。やがて誰かの投げた上げ松がモジに入ると、行事はいよいよクライマックスを迎える。モジが炎を上げて勢いよく燃え始めたかと思うと、瞬時にしてトロギを支えていた綱が切られてトロギは倒され、松上げは一瞬にして終わる。

花背八桝の上げ松

一方広河原では、毎年八月二十四日の夜に、花背八桝と同様の松上げが行なわれる。広河原の松上げの大きな特色は、行事の一週間ほど前に、普段は美山町との境界である佐々里《ささり》峠に祀られている地蔵を村内の観音堂に移すことである。この地蔵は松上げが済むまで村内で祀ら

広河原の松上げの準備風景

れ、やがてまた峠の堂に戻される。これは松上げが地蔵祭の一つの形態として伝えられてきたことを物語る例である。

事例二、北区雲ヶ畑

加茂川の源流にあたる北区雲ヶ畑では、毎年八月二十四日に、中畑《なかはた》と出谷《でたに》という村内の二地区で別々に松上げが行なわれる。雲ヶ畑の松上げは、若衆組とよばれる、十六歳から三十五歳までの男子が中心となり、それぞれの地区にある愛宕山とよばれる小高い山の頂上で行なわれる。雲ヶ畑の松上げは、鉄製の棒に竹で枠組みを作ってそこに松明を括り付け、ある漢字の形を作ってそれを立てるという方法を取っている。またその年に何という文字が上がるのかが点火まで秘密にされていることも特徴である。これは愛宕信仰に根ざした松上げの行事だとしながら、実際には、京都の五山送り火とまったく同じ形態の松明行事であるということができる。

さて、松上げに用いられるトロギとよばれる神木は、一般に「柱松」とよばれる。柱松の起源に関しては、種々の解釈がなされているが、少なくとも柱松が巨大化し、行事が風流化してゆく背景には、修験道の何らかの影響があったことは疑いないものと思われる。すなわち、二基の柱松を立てて山伏がこれに駆け登り、火打ち石で発火させ、人々の煩悩《ぼんのう》を焼き尽くす儀礼が、やがて山伏の験力を競う一種の競技となり、それが民間に流布して、今日の松上げの基礎が形作られたものと考えられる。しかし雲ヶ畑の松上げは、山頂で松の割り木を用いて文字の形を描くという独自の形態をとっており、その意味で、他地域と比べて特異な松上げだといえる。

このような勇壮な松上げの形態はいつ頃、どのようにして作られたのであろうか。さらに松上げの古い形とはいかなるものだったのだろうか。たとえば左京区久多では、古くは愛宕を祀る山の頂で松上げが行なわれていたという。また福井県遠敷郡《おにゅうぐん》名田庄村の奥坂本地域に属する大滝では、かつては愛宕を祀る山頂の松の古木に松明を放り上げていたが、近年では愛宕の祭場へローソクを持って参るのみであるという伝承が聞かれる。また同村の坂本地域に属する井上と佐野では、二村共同で毎年八月十五日に松上げを行なっているが、かつては八月二十四日にも、山の中腹にある愛宕社の近くの古木に松明を放り上げていたという。さらに同村の三重地域に属する尾之内では、少し前までは八月二十四日に山の頂上で松上げを行なっていたが、火災があって以後は村内の公園で行なっているという。

これらの事例から、どうやら松上げの古い形態は、各村の愛宕を祀る山の頂で松明を焚き、また神木である松の古木に向かって松明を投げ上げるものであったと考えることができる。それが、行事が風流化する過程において祭場が徐々に里へと移動し、かつ規模が大きくなって、やがて今日見られるような壮大な火まつりとしての松上げが作られたものと思われる。その意味で、松上げも元来は火伏せを願う人々の祈りの対象である、素朴な炎であったといえるだろう。ならば雲ヶ畑のような、山に文字を描くという形式の松上げの起源はどこに求められるのだろうか。この問題を考えるために、次節では福井県大飯郡おおい町（旧大飯町）、京丹後市久美浜町、福井県小浜市の事例を紹介しよう。

三　若狭と丹後のオオガセと十二灯

夏の夜に行なわれる松明行事の分布は、先述した京都府北部の山村を経て、北は若狭の小浜からおおい町、西は舞鶴から丹後半島、さらには兵庫県但馬地域へと広がっている。それらの中で、本節ではまずおおい町、久美浜町（現京丹後市）、小浜市の事例を紹介する。

事例三、おおい町福谷

おおい町内の多くの村では、八月下旬にオオガセとよばれる松明行事が行なわれる。中でも福谷のオオガセは県の無形民俗文化財に指定され、村に伝わる伝承では、今から約六百年前に始められたといわれている。ここではカタヤマ（片山）はよくないので、必ず二度行なうといわれるように、カセヤマ（火勢山）とよばれる山の頂で、八月二十三日には伊射奈伎《いざなぎ》神社へ、翌二十四日には熊野神社へそれぞれ奉納するために、二夜続けてオオガセが行なわれるのが特色である。両日とも、まず愛宕神社から受けてきた火を松明に移し、鉦や太鼓を鳴らしながら火勢山へ登り、皆で盆踊りを踊る。その後種火がオオガセの先端につけられたシンタイマツ（芯松明）とよばれる大きな松明に移され、鉦と笛と太鼓の囃しにあわせてオオガセを回転させ、倒してはまた起こし、これが繰り返される。このように、オオガセは松上げとはまた異なった、独特の勇壮さと迫力を見せる炎の祭礼である。

事例四、久美浜町河梨

丹後半島の西隅に位置する熊野郡久美浜町河梨《こうなし》（現京丹後市）では、毎年八月二十三日の夜に、「十二灯」と称する松明行事が行なわれている。夕刻四時頃から、何人かの村人が氏神の神谷神社へ行き、愛宕社の灯明を蚊取り線香に移して十二灯の舞台となる万灯山へ運ぶ。河梨の集落の東に愛宕山とよばれる小高い山があり、その頂には愛宕社を祀っているという。一方村の男たちは十二灯の材料である真竹や稲縄などを担ぎ、万灯山の頂上へ登り、皆で分担して十二灯を作る。松明部分は十年ほど前までは松の割り木を使用していたというが、近年松枯れが激しく、松が入手しにくくなったことから、現在では乾燥した竹の割り木を用いている。灯油を十分染ませた布の周囲に竹の割り木を巻いてゆくという方法がとられている。

夕刻五時半すぎ、辺りがやや薄暗くなる頃に、種火を移したトウミョウ（灯明）とよばれる松明を高々と掲げる。これが十二灯行事開始の先触れでもあり、また愛宕への献火を意味しているのではないかと考えられる。午後六時半頃、いよいよ十二灯を垂直に立てる作業に入る。十二灯が垂直に立つと、若者たちが十二灯に攀《よ》じ登り、灯明の火を移した松明の火で十三個の松明に火をつけてゆく。そして十二灯を愛宕山の方向に向け、参加者全員が愛宕山に向かって手を合わせる。また、かつては十二灯に火が灯ってしばらくすると、男の子たちが燈明の松明を持って山道を下り、集落を流れる大神谷川の両岸で縄の先に火の付いた松明を括り付けて振り回したというが、今ではこの行事は行なわれていない。なお、河梨の十二灯と同種の行事は、隣村の神谷や河内でも明治末

河梨の十二灯

頃まで行なわれていたというが、今日では伝承が断片的に伝わるのみである。

事例五、小浜市小屋

小浜市の南部に位置する田村川流域の中名田地域では、村単位でさまざまな形式の松明行事が行なわれているが、それらの中から小屋《おや》地区の事例を紹介する。小屋地区の奥小屋・中小屋・口小屋では、一九七〇年代まで、山の中腹の広場でデンデコと称される松明行事が行なわれていたという。奥小屋と中小屋で共同、口小屋は単独で、九月二十四日にデンデコと称して、柱の上にオガラの傘を四個つけ、さらに柱の横に二個の傘をつけたものに火をつけ、立ててから回転させたという。これは松上げとオオガセのまさしく中間的形態のものとして注目に値する。また今日でも六月二十四日には京都の愛宕神社への代参も行なわれているという。

以上、紹介してきた若狭から丹後にかけての三地域の松明行事は、先述した松上げとは異なり、特に福谷のオオガセと河梨の十二灯では、檜の主柱を縦軸として、そこに五本から七本の横木を取り付け、その先端に松明を括り付けるという形態をとっている。さらにオオガセでは、垂直に立てられた松明本体を回転させ、また地面に倒し、また立てるというところに特質が認められる。そこでは松明の火が激しく揺すられて、火の粉が辺り一面に飛び散るのであり、そこにオオガセの醍醐味があるといえよう。

一方松上げは、垂直に立てられたトロギは地面に固定され、その先端めがけて小さな松明を投げ上げるという点に特徴がある。「上げ松」あるいは「放り上げ松」などとよばれる松明が、暗闇の中を飛び交い、トロギの先端に取り付けられたモジに「一の松」が乗ると、炎が夏の夜空を焦がさんとばかりに赤々と燃え盛る。このような情景こそが松上げの真髄であり、この行事がいかにも勇壮さを醸す所以でもある。

このように考えてみれば、松上げとオオガセとは、松明自体の構造や形状はまったく異質なものだということを改めて感じる。ところが、小浜市小屋で、かつて行なわれていたというデンデコとよばれる松明行事は、主柱に横木を取り付けないという点では松上げと共通するが、主柱に取り付けられた数カ所の松明に火をつけて回転させるという点では、オオガセとも類似している。まさに松上げとオオガセの中間的な形態だといえるだろう。

一方で、松明行事の背景にある民俗信仰に注目してみると、オオガセや十二灯には愛宕信仰の影響が見られる。デンデコにおいても、愛宕信仰の影響は少なからずうかがえることから、これらの松明行事も基本的には松上げと同様に、火伏せの信仰が背景にあることは疑う余地がない。しかしおおい町内のオオガセの事例を丹念に見てゆくと、必ずしも愛宕信仰との繋がりがうかがえる例ばかりではない。何よりもおおい町の松明行事で注目すべき点は、片松明はよくないので、松明行事を二度行なうという伝承が広く伝えられていることである。

福谷のようにオオガセを二度行なう例もあるが、岡安・小車田・鹿野では、オオガセと松上げが別々に伝承されている。たとえば岡安では「松上げ」と「カセアゲ」という別々の行事が行なわれている。これらの行事日は、前者は七月二十四日と八月二十四日の二度行なわれていたというが、後者は八月十四日から十五日にかけて行なわれる。また小車田では、もともと「オオガセ」と「松上げ」が別々に行なわれていたというが、今日では松上げだけでオオガセは行なわれていない。また鹿野でも、もともとオオガセと松上げが両方行なわれていたというが、今日では八月十五日のオオガセだけで、松上げは行なわれていない。

以上の諸事例から考えると、「オオガセ」と「松上げ」という松明行事が基本的に別の意味を有する行事であったことを髣髴《ほうふつ》とさせる。また行事日を見ると、「オオガセ」は八月十五日前後の時期に、「松上げ」は七月あるいは八月の二十四日前後の時期に行なわれるという例が多いことから、福谷を含めていくつかの例外はあるにせよ、オオガセはどちらかというと盆の精霊まつりとしての意味合いが強く、松上げは愛宕火としての意味合いが強いという傾向を指摘することができるだろう。

四　松明行事の系譜と風流化

筆者はかつてより、精霊を供養し、あの世へ送るための盆の万灯籠《まんどうろう》としての松明行事と、愛宕信仰に基づく火伏せのための松明行事とは、基本的に別個の系譜を持つ行事であると考えている。ただし、いくつかの系譜を示す松明行事の起源とその変遷、特に風流化をとげてゆく過程について、もう少し丁寧な説明が必要であろう。そこで改めて、この問題に関して整理してみたいとい思う。

まず、第二節で取り上げた松明行事、これを仮に「柱松系の松明行事」とよぶことにしよう。「柱松系の松明行事」の起源は、その名の通り修験道の「柱松」の行事であることは間違いないであろう。その原初形態は、少なくとも丹波や若狭においては、既述したように、山の頂にある松のご神木に火を供える、あるいはご神木に向かって小さな松明を投げ上げるという比較的素朴なものであったと思われる。そしてこのような行事の背景には、基本的には愛宕信仰の影響があったと考えられる。京都の愛宕山に集まっていた修験者たちが里へ下り、愛宕信仰を広く村々に広めて歩いたのがいつ頃のことであるのか、詳細は不明だが、おそらく近世以降には愛宕修験の影響を受けた宗教者たちが丹波から若狭、さらに丹後から但馬、そして摂津から播磨へと愛宕信仰を流布して歩いたのだろう。

このような宗教者の影響を受けて、はじめは山中で行なわれていた素朴な火の神事が、やがて行事の舞台が里の広場へと移され、同時に規模も大きくなってゆき、さらに鉦や太鼓という鳴り物をともなうようになって、まさしく風流化をとげていったのではないだろうか。このような変遷の道を辿って今日に至っているのが、事例一の花背八桝と広河原の松上げである。また、そこまで風流化はせずに、その過程段階で止まった姿を今に伝えている例は無数に存在する。それは若狭名田庄村や小浜市の山村に見られる、比較的小規模な松上げである。

たとえば船井郡日吉町（現南丹市日吉町）牧山で八月二十四日に行なわれる松明行事、同西胡麻新町で八月二十三日（現在では日曜日）に行なわれる松明行事、また綾部市老富町大唐内で八月二十四日に行なわれる松明行事などは、小規模ながら柱松の系譜を引く行事であり、そこには古くから愛宕信仰の影響が見られる。このように、丹波山地には松上げ系の素朴な松明行事が数多く分布しているのである。

ところが、事例二の雲ヶ畑の松上げは、名称的には「柱松系の松明行事」に含まれるのだが、雲ヶ畑の松上げの形式が作られる背景には、異なった別の行事の影響があったものと考えられる。それが第三節で取り上げた松明行事である。これを仮に「十二灯系の松明行事」とよぶことにする。

「十二灯系の松明行事」の原初形態は、植木行宣がいう「十二灯型万灯籠」であることは明らかである。植木は京都周辺の松明行事の風流化について総括的に考察した論文の中で、「十二灯型万灯籠」について、「万灯籠には十二（ないし十三）の火を意匠とする一つの型があったことが考えられる。十二はいうまでもなく一年の象徴であり、万灯籠を点す郷村の民の豊作祈願の心意を含むものでもあろう。十五世紀に姿を表した万灯籠はそのような十二灯型を基本にしたものと考えてよいであろう。十二灯型の形態は、カセをキャンバスにして火の点で意匠を表現するところに特色をもつ。その表現の方式は字や図を描くのにまことに適したものであった。十二灯型はそもそもそれを生かした結果であり、しかもそれは動いたのである」と述べる（植木行宣二〇〇二）。

さらに「十二灯型万灯籠」と「五山送り火」との繋がりに関して、植木は「京都五山の送り火は万灯籠の行事であった。その成立をそれが現在みるような意匠に定まった時点とするならば、十六世紀中頃かとするほかはない。万灯籠はしかし、それ以前に流動する火の風流として展開していたのであり、十五世紀半ば過ぎには成立していたのである。もちろんそこには変遷があり、カセに松明を付けて点す十二灯型から、その意匠の字や図に趣向をこらすものへ、さらにはその巨大化とともに山の斜面で火を焚くものへと展開し、五山送り火となって固定したのである」と述べ、五山の送り火の起源を「十二灯型万灯籠」であると明確に論じている（植木行宣二〇〇二）。このような「十二灯型万灯籠」の形式を残した松明行事がおおい町のオオガセであり、河梨の十二灯である。また他にも、舞鶴市吉原で毎年八月十五日に行なわれるマンドロなども明らかに「十二灯系の松明行事」である。

一方で、名称や行事の起源は「松上げ系の松明行事」の系譜を引きながら、形状だけは「十二灯型万灯籠」の影響を受けて成立したのが、雲ヶ畑の松上げであり、その影響を中途半端に受けながら、結果的には「松上げ系の松明行事」と「十二灯系の松明行事」との中間的な形で止まってしまったのが、小浜市小屋のデンデコであると位置付けることができるだろう。

五　五山送り火の創始と変遷

ならば、毎年八月十六日に京都盆地を取り巻く山々で行なわれる五山送り火は、いずれの松明行事なのか。それは植木も述べているように、いうまでもなく「十二灯系の松明行事」であると考えられる。ここで京都の送り火の創始と変遷について概観しておこう。

京都では先祖の霊を、親しみを込めて「オショライさん」とよぶ。盆に戻ってきたオショライさんは、それぞれの家々で丁重なもてなしを受け、八月十六日に再びあの

鳥居形送り火

世へ帰ってゆく。古くは盆花やダンゴなどの供物とともに、十六日の夕刻に鴨川あるいは堀川に流し、それによって先祖の霊を送ることが習わしとされてきた。そしてその頃には、京都盆地を取り囲む山々に、大文字に代表される盆の送り火が灯される。

　送り火の起源は「万灯籠」や「千灯籠」などとよばれた、室町時代以降に京都と周辺地域で行なわれてきた灯籠行事だと考えられる。万灯籠とは、送り火と同じようにあの世から戻ってきた先祖を供養し、この火に照らしてあの世へ送るための灯籠行事を指す。本来はきわめて素朴な送り火の行事がやがて華美に変身し、多くの人たちに見せるために風流化したのが万灯籠である。その結果作られたのが、先述した「十二灯」とよばれる万灯籠である。京都では「十二灯」の火がさらに風流化して五山の送り火になったと考えられる。

このように、五山の送り火は万灯籠の行事が元にあり、それがさまざまに変化する過程で、山の斜面に火床を築き、そこに松明で大きな文字やさまざまな図柄を描くという発想が生み出されて完成した、特異な万灯籠の行事であるといえよう。やがてそれが江戸時代初期頃には、京都の夏の年中行事として定着したのである。

今日の京都には、八月十六日の夜八時から約二十分の間に、五分間隔で東山如意ヶ岳（大文字山）の大文字、松ヶ崎万灯籠山と大黒天山に妙法、西賀茂船山に船形万灯籠、金閣寺裏手の大北山に左大文字、嵯峨鳥居本の曼荼羅《まんだら》山に鳥居形松明の五つの送り火が次々と点火される。

ところで、五山を代表しかつ歴史的にもっとも古いのは、東山如意ヶ岳の大文字だといわれている。その成立時期ははっきりとはわかっていないが、次のような三説が存在する。第一は平安時代の九世紀初頭に、弘法大師空海が山に大の文字を描いて始めたとする説である。しかしこの説は伝説の域を出ないといわざるをえない。なぜならば、もし平安時代から大文字の送り火が灯されていたとすれば、何らかの文献に記載されて然るべきである。しかし当時の文献には、大文字送り火のことはいっさい登場しない。ということは、やはり史実であるとはみなし難いということになる。

第二の説は、十五世紀末に室町幕府八代将軍足利義政が始めたとする説である。この説はいくつかの理由から信憑性はあると思われる。義政の長男である義尚《よしひさ》が、延徳元年（一四八九）に二十四歳という若さで他界しており、息子の義尚の菩提《ぼだい》を弔《とむら》う目的で相国寺《しょうこくじ》の和尚に命じて大文字を作らせたとする説は確かにありうる話である。というのは、義政が銀閣寺の創建者であること、さらに大文字は真西を向かず北西に振っているからである。

送り火はどれも、不特定多数の人たちに見せるために作られたものではないようだ。つまりそれぞれ見てほしい人たちがいたということである。大文字は京の中心部を向いているのではなく、やや北に偏って火床が築かれている。ならば大文字はどこを向いているのか。それは相国寺と室町幕府のおかれた花の御所を向いているのである。相国寺には歴代の足方将軍の墓所がおかれ、室町幕府とは繋がりが濃い寺院である。これらのことから、足利義政創始説はそれなりに説得力を持つといえる。しかし仮に義政の時代に大文字送り火が作られたとしても、毎年年中行事として点火されたとは考えにくい。それはやはり、当時の文献にまったく登場しないからである。

大文字送り火が史料上に登場するのは、慶長八年（一六〇三）の『慶長日件録』という公家の舟橋秀賢《ふなはしひでかた》の日記が初見である。旧七月一六日の条に「晩に及び冷泉亭に行く、山々に灯を焼く、見物に東河原に出でおわんぬ」と記されており、これは明らかに大文字送り火のことであろうと思われる。

つまり送り火は、近世以降に大文字を皮切りに、徐々に作られて、それがやがて年中行事として固定化していったものと考えることが妥当だといえよう。しかしそれは、明らかに室町時代の「十二灯型万灯籠」の系譜を有し、十二灯系の松明行事が風流化をとげ、山の斜面に火床を築いて点火することで、今まで以上に巨大化し、また遠方からも見ることができる大規模な送り火となり、それが都の盆を飾る伝統行事として定着していったといえるだろう。

ところで、大文字の「大」にはどのような意味が託されているのだろうか。これについても諸説があるが、筆者は中国の古代仏教思想である「五大」に由来するものではないかと考えている。「五大」とは宇宙を構成している主要な五つの要素を意味し、地・水・火・風・空を指す。そういえば西国三十三ヶ所観音霊場の第十七番札所でもある、古刹の六波羅蜜寺では、毎年盆の万灯会において本堂内に「大」のお燈明が浮かび上がる。この行事は応和三年（九六三）に開祖である空也上人によって始められたと伝えられており、以来千年以上にわたってずっと続けられているという。これも明らかに「五大」に由来するものと考えられる。もしかすると、大文字送り火を考案した者は、六波羅蜜寺の万灯会の「大」のお燈明からヒントを得たのではないかと考えられる。だとすれば、大文字送り火のルーツは六波羅蜜寺の万灯会にあるといえるだろう。

今日でこそ「五山の送り火」と称され、上記の五つの送り火だけが昔からあったようなイメージを与えるが、かつての京都にはもっとたくさんの送り火が存在したといわれている。たとえば明治二十年代の新聞には、「市原村のいの字」や「一乗寺の竿に鈴」という送り火の記事が見える。さらに十八世紀には「鳴滝の一の字」という送り火に関する記事もあり、どうやら昔は上記の五山以外に、「い」「竿に鈴」「一」などという送り火が存在したようである。これらの送り火は何らかの理由で早くに廃絶したようで、今日では正確な点火場所すらもわかっていない。これらはまさに幻の送り火なのである。

六　むすびにかえて

これまで「柱松系の松明行事」と「十二灯系の松明行事」という二種の異なった松明行事の起源と変遷について私見を述べてきたが、まだまだ未解決の問題が数多く残されている。たとえば、筆者は「柱松系の松明行事」の原初形態は、山にある神木に火を供える、あるいは松明を投げ上げるという素朴な行事であり、その背景には愛宕信仰の影響があったと述べた。しかし愛宕信仰が民間の村々に流布され、人々の間に広がったのがいつのことであるのか。またこのような松明行事は、成立段階から愛宕信仰の影響をはたして受けていたのか。これらの疑問を解明する術を筆者は持ち合わせない。ゆえに想像の域を出ないが、筆者は少なくとも対象地域を北近畿地方に限っていえば、松上げに代表される柱松系松明行事の成立段階には、すでに愛宕を中心とした修験系の宗教者が何らかの影響を与えていたのではないかと考えている。だからこそ、はじめはきわめて素朴な松明であったものが、やがて風流化をとげて巨大な柱松に成長し、芸能的要素を纏《まと》った松明行事として発展していったのだろうと思われる。

また柱松系松明行事は何も松上げだけではない。たとえば和歌山県すさみ市佐本では、毎年八月十六日に「柱松」とよばれる、松上げと同種の松明行事が行なわれている。他にも、和歌山県大地町、同紀宝町、愛媛県八幡浜市、山口県光市などでも柱松行事が伝えられており、これらが熊野修験や石鎚修験などの影響を受けた松明行事であることは想像に難くない。他にも、たとえば和歌森太郎によれば、戸隠・妙高・彦山などの古くから修験道が根付いている地域に柱松行事が伝えられており、これらのことからも、やはり民間で伝承されてきた柱松行事は、その成立段階において修験系宗教者の何らかの影響を受けていたのではないかと考えられる（和歌森太郎 一九八〇）。

一方「十二灯系の松明行事」は、植木の論考からもうかがえるように、原初の段階ですでに風流化した松明行事であると考えられる。ならば風流化する以前の形態はいかなるものであったのか。また、それははたして柱松とは異なる形状のものであったのか、あるいは同形のものであったのか。この点に関しても今すぐに解明することはできない。十二灯型万灯籠が成立する以前に、もしかすると柱松に似た素朴な松明があり、それが何らかの影響を与えてカセを用いる形に発展して、十二灯系の松明行事が形成されたという可能性も考えられる。

先行研究において、柳田国男や和歌森太郎は、少なくとも柱松の原初形態は民俗行事であり、人の背丈かその倍程度の大きさの柱で、それは盆の迎え火や送り火の性格を有し、かつ年占的な意味合いを持って伝承されてきたものに、やがて修験道の影響が加わって風流化をとげたとする説を提唱している（柳田国男 一九九九、和歌森太郎 一九八〇）。この仮説をすぐに覆すだけの資料を筆者は持ち合わせないが、少なくとも北近畿地方で伝承されてきた種々の松明行事を民俗学的に考察する限り、柱松系の松明行事と十二灯系の松明行事は、その成り立ちを異にする行事であると考えざるをえない。

課題がますます増殖してゆくようで、先行きが見えぬ状態ではあるが、今後は近畿地方のみならず、対象地域を熊野や中国、四国、信州から東北にまで広げ、巨視的な視座でさまざまな様相を呈する松明行事とその背景にある民俗信仰、さらにその歴史的変遷に関して、調査・分析を進めてゆかねばならないだろう。

【コラム】

鳥居形松明送り火保存会の一員として

筆者は、五山送り火の中で最終に点火される、「鳥居形松明送り火保存会」の一員でもある。メンバーになったきっかけは十数年前、送り火の歴史や伝承を調べていて、たまたま鳥居形送り火保存会の人たちと情報交換する機会があり、それを契機に、実際の点火を手伝ったことである。実をいうと、筆者はこれまでたった一度しか点火を体験したことがない。それは、送り火当日には毎年のように、講演会やテレビの実況解説を依頼されるために、点火の時刻に山へ登る機会がずっとないためである。毎年送り火当日の朝に、保存会のメンバーが準備をされている所へお邪魔して、激励するだけのことしかできていないのが現状であり、いささか寂しい想いをしている。

保存会の人たちとの話し合いの中で、ぜひとも読者諸氏に知っておいていただきたいことがあるので、このコラムの中で、送り火を継承し実際に守っておられる方々の声を紹介したい。それは、何よりも送り火はきわめて厳粛な宗教行事であるというこ

薪を車に積み込む（鳥居形送り火）

とである。保存会のメンバーは、何があっても決められた時刻に点火することを使命に想い、そのための精進潔斎を怠ることはないと語る。彼らは皆、「万一火が灯らなかったら、たいへんなことになる」という認識の下、まさに真摯に点火に取り組まんとする姿勢を崩さない。「送り火はあくまでも宗教行事であり、決してイベントやおまつりとは異なるということを、京都市民はもとより、観光客の人たちにも知ってほしい」と語る保存会長の声を、読者諸氏にぜひ届けたいと思う。なお、このような想いで点火に臨んでいるのは、五山すべての保存会メンバーに共通したことであることはいうまでもない。

一部の観光客たちが送り火の本来の意味や

護摩木の前で読経が行われる（鳥居形送り火）

事情を知らず、ホテルの屋上でビールを飲みながら、「どこそこの花火の方がきれいだった、云々」と話していることがマスコミで報道されることがよくあるが、そういう人たちには、一度点火の場面を実際に見ていただきたいと思う。現場を見た人は、決して前述のような語りはできないはずだ。一般の人たちが想像する以上に、まさに点火の現場の空気は張り詰めている。さらに点火の現場には、必ずゆかりの寺院の僧侶が立ち会い、お念仏を唱える中で点火されていることも、意外に知られていないのではないだろうか。

今日、鳥居形松明送り火保存会の一メンバーとしての筆者のせめてもの役割は、送り火の持つ悠久の歴史と伝承をより深く学びな

送り火の種火（鳥居形送り火）

がら、それらを京都市民や観光客の人たちに正確に伝え、送り火の伝統を後世に引き継いでもらえるように働きかけることではないかと考えている。そのためには、できるだけ多くの人たちに送り火の奥深さと、それを支える人たちの信仰心に満ちた心の内を、講演と文章を用いて伝えていかなくてはならないだろう。そうなると、まだしばらくは点火のお手伝いはできないかもしれないが、鳥居形松明送り火保存会の一メンバーであるという誇りだけは決して忘れずに、これからも送り火の行く末を見守っていきたいものである。

第五章　鞍馬と岩倉の火まつり——災厄を祓う火

一　はじめに

序章でも述べたように、京において秋から冬の時期に行なわれるまつりには、火をめぐる信仰が見え隠れしているように思われる。それは、一つには火災への恐怖心の表象でもあるだろうし、また一方では、火の力に縋《すが》ってさまざまな災厄やケガレを除去しようとしたとも考えられる。さらに火によって神を迎え、太陽のエネルギーが徐々に衰えてゆく秋から冬の季節に備えようとしたことも、想像に難くない。いずれにしても、この季節には京の人々にとって火はなくてはならない存在だったことは間違いない。

これまでの歴史の中で、人間は火とどのように関わってきたのであろうか。現在では、ボタン一つで点火や消火が可能になり、機械やコンピュータがすべてを制御するという時代に、私たちは火をどのように認識し、火といかに向き合ってゆくべきなのだろうか。火をめぐる民俗信仰について考える時、まず確認しておかなければならないことは、すべての動物の中で、火を自在に操《あやつ》ることができるのは人間だけであるという事実である。火を操れるか否かが人間と動物を区別する一番重要な基準であり、同時に「文化」と「自然」を分けるメルクマールでもある。人間がここまで高度な文明を築き上げることができたのは、すべて火を自在に操れたからであるといっても過言ではない。

火は貴重な恵みを私たちに与えてくれる、必要不可欠な存在ではあるが、一つ間違えると、くらしのすべてのものを焼き滅ぼしてしまう、恐ろしい力を持った魔物でもある。火は恵みと脅威という、相反する特性を併せ持った存在として、これまでの歴史の中で、人間の前にたびたび難題を突きつけてきた。特に前近代における〝大火〟と称せられた大規模な火災では、人間が火の脅威を目の当たりにし、尊い命や文化が無残に失われた。家屋が密集して立ち並ぶ多くの都市では、歴史の中で火は何度となく人間に襲いかかり、甚大な被害をもたらした。

そのような意味からも、少なくとも昔の人々は今日の私たちと比べて、火の恵みや脅威をより深く認識していたことだろう。

二　火の民俗的性格と機能

人と火との関わりについて考える際に、まず火にはどのような性格があり、また人々のくらしの中で、火はいかなる機能を有しているのかについて考えてみる必要がある。火には無数の機能が備わっていると思われるが、くらしとの関わりにおいては、おおむね次の七点にまとめることができるのではないだろうか。

熱・光・金属を産み出す火

第一に、火は熱を産み出す。熱を産むことによって、さまざまな食物を調理する、あるいは温めるということが可能となる。人間は野生動物のような毛皮を有しない。今日では衣服を着ているので寒い季節も過ごすことができるが、もし今日のような衣服がなければ、寒い冬場はたいそう難儀することになるだろう。火は人間に暖を与えてくれる。さらに火が人間に画期的な転換をもたらした事実として、火が金属を産むということである。鉄、金、銀という金属を産むためには必ず火が必要である。たとえばかつてのタタラ師たちは、火を自在に操ることで鉄を産み出した。さらに、土器を焼く、陶磁器を作るということにおいても火はなくてはならない存在だ。火は自然の中に存在する土や金属を、人間が必要とする自在な状態や形状に変化させてくれる。この技術は、他の動物たちには決して真似できるものではない。このような、人間のくらしに不可欠で重要な道具類を産み出す源が火の力であるといえよう。

浄化・清めの力を持つ火

第二に、火は清める、浄化するという作用を有する。病、悪、災厄、ケガレなどを祓《はら》い清めるという力を有している。たとえば、農村において夏に行なわれる民俗行事に「虫送り」がある。稲につく害虫を松明の火で払うのが虫送りである。これは鉦や太鼓を鳴らしながら、あるいは唱えごとをしながら田の畦を歩き、村の外へ害虫を送り出す行事だ。虫送りは、地域によっては「虫祈祷」「サネモリ送り」「ウンカ送り」など、さまざまな名称でよばれている。

ここで興味深いのは、「サネモリ送り」という名称である。サネモリというのは歴史上実在した人物の名前である。平安末期の源平の戦いの中で戦死した者の中に斎藤実盛という者がいた。斎藤実盛はその死に方に関する伝説が残されている。それは、戦の最中に田の中の切り株につまずき、その時に槍に突かれて死んだというもので、死ぬ時に、実盛は「俺はこれから稲の害虫になって復讐してやる」と語ったと伝えられている。そこから、斎藤実盛が害虫になってこの世の中に災いをもたらすと信じられるようになり、斎藤実盛という害虫を村の外に送るという行事になったという。

虫送りでは、実際にそれでウンカなどの害虫が追放されるわけではない。もちろん松明の火で虫を集めて殺すという現実的な意味もあるだろうが、それよりも、稲の害虫が恨みを持って死んでいった者の復讐であるという伝承から考えると、たとえば祇園祭と同じような御霊信仰が背景にあり、火の力をもって厄神を送るという信仰的な一面があったのではないかとも考えられる。これが火の持つ第二の機能であるとともに、それは次にあげる、火の持つ第三の機能と結びつくものといえる。

神や仏を送る火

第三に、火は神や仏を送るという機能を有する。代表的な例として、京の大文字の送り火も、一種の仏送りの火ということができよう。先祖の霊が五山の送り火を見ながら、その火に照らされてあの世に帰っていくといわれており、そこでは、火は道を明るく照らすという性格も合わせて考えるべきかもしれない。

日本における神送りにはさまざまな形があるが、基本的には二つの形式に集約できると思われる。その一つは、川や海に流すという形式である。盆の精霊船などはその例だといえるだろう。もう一つの形が、火によって神や仏を送るという形式である。たとえば正月行事を例にとると、正月には「トンド」という行事が行なわれる。トンドの火も送り火の一種だと考えられる。正月に迎えた歳神をトンドの火で空高く送るという機能があったのではないだろうか。

家の象徴としての火

第四に、火は日本の家の象徴であるといわれている。囲炉裏や竈では、すべて火を用いる。昔は囲炉裏の火は決して絶やしてはならないものであった。火を絶やしてしまっても、そう簡単に隣近所から火種をもらうことができなかったからだろう。

火種の大切さについて語られた有名な昔話がある。それが「大歳《おおとし》の火」とよばれる昔話である。

大晦日の夜に、ある家の女房がうっかり火種を絶やしてしまい、困っているところへ火種をあげる代わりに死体を預かってほしいという旅人が現れる。大晦日の夜に死体を預かるとは非常に縁起の悪い話だが、女房は仕方がないので死体を預かり、その代わりに火種をもらう。翌日の朝、死体の入っていた棺桶を見ると、小判がたくさん入っていたという。この話からはいろいろなことが考えられるが、一つは、火は家の象徴として絶やしてはならないもので、それを司るのは一家の主婦であったということである。主婦として火種を絶やすことはもっとも恥じるべきことだったのだろう。それにしても、正月の朝に死体が小判に変わるというのはいかなる意味を持つのだろうか。

この種の昔話は、日本だけでなく韓国、中国にも似た話が伝わっている。『今昔物語集』にも似た話があるので、中世から語られてきた話だといえる。おそらくこの話のルーツには、タタラや鋳物師《いものし》などの金属を扱う者の伝承があるのだと思われる。たとえば佐渡金山では、死体を山の中に運び込むと、金がよく採れるという伝承があるが、いずれにしても、このような昔話から、人間にとって火がいかなる意味を持つものであったのかという一面をうかがい知ることができる。

不浄性や神聖性を伝える火

第五に、火は不浄性や神聖性を伝える機能を有する。つまり、目に見えないものを伝えるという役割を果たしていると考えられる。たとえば、葬式に参列して同じ釜の飯を食べると、その家の者と同じ穢れた状態になるといわれている。そこで穢れた状態を隔離するため、火を別にするということが行なわれてきた。今日でも、たとえば祇園祭で重要な役割を担う長刀鉾の稚児は、一定期間ではあるが、母親の炊いた御飯を食べないという。祇園祭は基本的に女人禁制なので、女人と火を交えることがタブーとされたのである。このようなケガレを遮断するために、火を別けるということが日本の広い地域で見られた。

このように、かつての人々は、火はケガレや神聖性という、象徴的な状態を人から人へ伝染させる機能を有していると考えていたのである。

神や仏への献火を意味する火

第六に、火には神や仏に捧げられる供え物になるという性格がある。献火の代表的な例が、前章で紹介した愛宕信仰と深い関わりがある松上げである。松上げの本質的な意味は、愛宕の神への献火であったと思われる。その意味から考えると、神前にお灯明を灯したり、また寺院や家庭の仏壇でも、仏前に蝋燭《ろうそく》を灯す習慣があるが、これらも神仏への献火の一事例であるといえるだろう。

年占としての火

第七に、年占《としうら》、つまり火には占いとしての性格があると考えられる。今日でも「粥《かゆ》占《うら》」と称して、正月に竹筒を粥の鍋に入れて炊き、粥の入り具合で秋の豊凶を占うということが行なわれている。また、第三章で紹介した右京区嵯峨清涼寺で三月に行なわれる「お松明」も、まさに年占としての行事だといえるだろう。

また、炎ではなく煙による占いの例として、京都府亀岡市畑野町では、五月八日をヨウカビといい、樒《しきみ》とツツジを十字に括って竹の先につけ、これを「天道花《てんどうばな》」と称して空高くかかげるという行事が近年まで行なわれていた。興味深いのは、もし家出人が出るとこの天道花を焚き、その煙の流れる方角をさがすと家出した者が見つかるという伝承が聞かれることである。これなどは、特別な植物を焚いた時に発生する煙には呪術性があると信じられていた格好の事例だといえるだろう。

以上のような、火が基本的に有すると考えられる機能や性格をふまえ、次節以降では、鞍馬と岩倉の火まつりについて考えてみたい。

三　鞍馬火まつり

鞍馬火まつりは、毎年十月二十二日に鞍馬の里で行なわれる由岐《ゆき》神社の例大祭で、「鞍馬祭」ともよばれている。このまつりは、多くの松明と二基の神輿、八本の剣鉾が出る祭礼で、今日では松明だけが有名になったが、かつては神輿と剣鉾がこのまつりの主役であり、松明の存在はさほど重要ではなかったものと思われる。鞍馬祭は、近世には旧暦九月八日・九日の重陽《ちょうよう》に二日間にわたって行なわれていた。明治七年（一八七四）に新暦に変わった後も、十月二十二日・二十三日に行なわれていたが、昭和三十八年（一九六三）から二十二日のみとなった。これはいうならば、御旅所祭礼において神幸祭のみを残し、還幸祭を省略したことを意味する。

松明の起源に関しては、朱雀天皇の時代、天慶三年（九四〇）九月九日夜に、それまで御所に祀られていた由岐大明神が鞍馬に勧請された時に、村人たちが地主神であ

鞍馬の剣鉾（福持昌之氏提供）

る八所《はっしょ》明神を神輿に乗せ、無数の松明を持って出迎えたという故事に由来するというが、これは伝承に過ぎず、史実とは考えにくい。松明が強調されてくるのはずっと時代が下がって、近世以降のことである。今日でも二基の神輿が出されるのは、この地主神である八所明神と由岐大明神の二神を祀るゆえである。

ところで、八所明神とはいかなる神であるのか。詳細は定かではないが、おそらく「八所御霊」と何らかの関わりのある神ではないかと考えられる。八所御霊とは、早《さわ》良《ら》親王（崇道天皇）をはじめとする平安初期の八人の御霊たちであり、祇園御霊会の祭神と同様である。また鞍馬祭では他所に例を見ない四本の支柱で支えられる「四本剣鉾」と称される独特の形状の剣鉾が八基出されるが、その背景には、もともとこのまつりが御霊会の性格を有していたからではないかと考えられる。

京都の民俗文化財に詳しい村上忠喜によれば、十七世紀後半に著されたとされる『日次記事《ひなみきじ》』九月八日の条には、「鞍馬山靫《ゆぎ》大明神祭御出」という記述があることから、この頃には秋の例祭として行なわれていたことはうかがえるが、松明に関する記述は見ることができない。鞍馬祭の松明に関して、村上は次のように述べている。

「江戸時代中期、元文四年(一七三九)の神事式の取り決めをした文書が残っているが、そこには『神楽松明』という名がみえる。続いて『九日之神事は火祭とすに依て、もし火上出来これ有る時は、仲間鍛鐘たるべき旨』とあり、この時すでに『火祭』という語が記されているとともに、火がうまく燃えたときには仲間が鍛えられた証であるとしていることから、この頃には随分と火を意識した祭礼になっていたことが分かる」(村上忠喜 二〇〇六)。

上記の記載より、十八世紀の江戸時代中期頃には、すでに今日の火祭に繋がる性格のまつりが行なわれていたと考えられる。

鞍馬火まつり（福持昌之氏提供）

ところで、鞍馬火まつりは鞍馬特有の「七組仲間」という社会組織が基礎単位となって行なわれる点に特徴がある。それは中世に端を発するといわれる家筋を示す呼称であり、鞍馬のすべての家は七組のいずれかの仲間に世襲的に属している。七組とは、すなわち法師仲間といわれる大惣（大僧）仲間、神職の集団といわれる名衆（名主）仲間、鞍馬寺の警護を担当したといわれる宿直仲間、鞍馬寺の雑事を担当したといわれる僧達仲間、鞍馬寺の建築と修繕を担当したといわれる大工衆仲間、大惣仲間からの分かれでまつりにおいて注連縄切りを担当する太夫仲間、分家や外来者の集団といわれる脇仲間である。

まつり当日の朝に由岐神社に村の役員が集まり、例祭としての神事が行なわれた後に、神輿の準備が行なわれる。夕刻が近づくと、手松明を持ち、「神事に参ラッシャーレィ」の掛け声とともに村中を練り歩く「神事触れ」を合図として、家々では松明の支度を始め、やがて幼児用のトックリ松明を持つ子どもたちに続いて、小学生から中学生の子どもたちが持つ松明へと、登場する松明も徐々に大きくなってゆく。夜になると「サイレイヤ、サイリョウ」の掛け声を響かせながら青年たちによって大松明が点火され、各仲間が剣鉾と松明を持って山門下に結集し始める。そうなるとまつりは一気に盛り上がり、狭い鞍馬の里全体が無数の松明の炎と煙に包まれ、異様な雰囲気を呈するようになる。かつてマスコミが「火事場と戦場が一緒になったような騒ぎ」と表現したことがあったようだが、まさに想像を絶するような状況が醸し出される。

九時を廻った頃に太夫仲間が注連縄を切り、大勢の若者たちが掛け声とともに神輿前に集まり、いよいよ神輿の渡御が始まる。神輿が急な石段を下る際には、鞍馬特有の「チョッペンの儀」が行なわれる。それは二人の若者が神輿の担ぎ棒にぶら下がり、周囲の者が足を持って大の字状に大きく広げながら神輿を下ろすという、たいへん危険な儀礼で、かつての成人儀礼の名残であるといわれている。これが終わると神輿は御旅所まで渡御し、そこに安置されてようやくまつりは一段落する。

このように、鞍馬火まつりは無数の松明と剣鉾、そして神輿が出るまつりであるのだが、中でも特に近年は松明の存在が大きくクローズアップされ、剣鉾や神輿はどちらかというとその陰に隠されてしまったような感がある。

そもそも鞍馬火まつりにおける火は、いかなる意味を持つものなのだろうか。それは、松明の起源を語る伝承からもわかるように、神を迎えるための火であるとともに、その道を清め、かつ明るく照らす役割を有するものだったのではないかと考えられる。今日では、各仲間が諸礼と称して、お互いに松明を持って挨拶を交わすことや、松明が先に出てその後ろから剣鉾が、そして神輿が渡御することから考えても、やはり松明は道清めと明かり取りの意味を有しているのではないかと考えられよう。

四　岩倉石座神社の火まつり

岩倉という地名は、神が巨石に降り立つとする、いわゆる磐座《いわくら》信仰に由来するといわれている。また平安京造営時に、都の四方の山上に一切経を納め東西南北の名を冠する四つの岩蔵が設けられた際、この地にもその岩蔵の一つがおかれたことに端を発するとも伝えられる。平安時代の文献にはすでに「石蔵」という表記が見られ、中世以降になると「岩倉」「石座《いわくら》」などの表記が現れるようになる。

　岩倉の氏神である石座神社は、もとは現在の御旅所である山住神社に祀られていた「石座明神」を天録二年（九七一）の大雲寺建立に際して、その鎮守社として勧請したのが始まりとされている。その後長徳三年（九九七）に七所を勧請して「八所明神（東社）」とし、また後に西社に「十二所明神」を祀るようになったとされている。このような祭神に関しては、先の鞍馬の場合とほぼ同様に、かつては御霊信仰的な側面があったのではないかと考えられる。

　石座神社の氏子は、忠在地・中在地・上蔵《あぐら》・西河原・下在地・村松の六町で、このうち村松を除いた五町が、それぞれ二本ずつの剣鉾を有している。また六町の中で、大松明を作る役割を担っているのが中在地（東松明）と忠在地（西松明）である。また下在地は昼神事に大御幣《おおごへい》を神社に納める役割を担い、上蔵は神輿の飾り付けと渡御の際の先導役を担い、さらに朝神事の際、御旅所に向かう行列を迎える「迎え松明」の役も担っている。また村松と西河原は、本殿に供える甘酒を準備することになって

石座神社の大松明

いる。基本的に石座神社の祭礼においては、下在地と上蔵の二町が少なくとも大きな権限を有している。また六町で一年交代に「宮元町」が廻る。順序は下在地・上蔵・村松・西河原・中在地・忠在地である。宮元町から、男女一人ずつの稚児を出すことになっている。年齢は特に決まっていないが、行列に辛抱強く参加できる年齢で、およそ小学校入学前の児童がほとんどである。

氏子六町では、町内でいわゆる宮座が構成され、その座員たちによって祭礼が運営されている。宮座の構成原理に関しては町ごとに事情が異なる。たとえば上蔵では、数年前までは旧の農家のみの十六軒が宮座に参加していたが、近年新興の人が多く、一緒にまつりに参加することによって人手不足を解決したいとの声が上がった。加えて岩倉の宮座会員が減ってきたから、まつりが維持できなくなる可能性があり、役員が不安になったため、四、五年前からアパートに住んでいる人にもまつりに参加するようによびかけた。その結果、アパートの住人と外国人もそれぞれ一名ずつ参加してくれているという。しかしこのような例は稀であり、他町ではおおむね、旧の住人たちだけで宮座を構成しているケースがほとんどである。

かつてはどの町も三年で役を交代していたようだが、近年は二年で交代するケースが多いようだ。たとえば上蔵では、町内のまとめ役である「郷頭《ごがしら》」を二年間務めると本部役員の相談役である「総代」に上がり、総代を二年間務めると本部役員に、それをさらに二年間務めて引退するという仕組みになっている。

各町内では毎年一年交代でトウヤが廻る。トウヤは町によって「宿元」「当役」などとよばれている。トウヤは、剣鉾やその祭具を一年間管理し、祭礼では宮座衆と神輿の担ぎ手の接待役を務める。また神社にお供えした御供を各家に配る役割も担う。

火まつりの起源については、昔、雄雌の大蛇が村人を苦しめており、困った村人たちが石座明神に祈願したところ、「神火をもって退治せよ」とのお告げがあり、大松明を燃やしたところ、見事に大蛇を退治することができたとする故事に因むといわれている。歴史的には、近世初期には行なわれていたと伝えられている。

およそどの町においても、夕刻からトウヤ宅の応接間には朝神事の鉾を組み立てるため、ブルーシートを敷き、多くの道具が並べられる。たとえば下在地町では、午前〇時頃にトウヤ宅に朝神事の鉾の組み立てのため、「上五人」とよばれる宮座の人たちが紋付き袴に鼻緒を白い紙で包んだ下駄姿で集まる。上五人とは、郷頭と総代を除いた高齢者五人のことで、年齢順にその役を務めることになっている。しかし上五人のなかで不幸事があった場合、六番目の高齢者が代理を務める。なお上五人は、おおむねどの町でも剣鉾を運ぶ役を担っている。上五人の最年長者を「一番和尚」とよび、年齢順に二番和尚、三番和尚、四番和尚、五番和尚とよばれる。またトウヤは古くからの住人の中で、長い剣鉾を組み立てるスペースがある家が務める。

およそ深夜二時に行列を整えて石座神社へ向けて出発する。集まった若者によって松明が点火される。松明に火がつくと提灯を持つ郷頭を先頭に、松明、剣鉾を運ぶ上五人、御供籠、総代、朝神事に用いる松明の順に並んで進む。なお、下在地町は神社からもっとも離れており、御幣役という行列の先導役を担っているため、他の集落の行列を待たず、先頭に立って御渡りを行なう。また他の集落の行列は下在地町が来るのを待っており、下在地町が来たらその後についていく。これは下在地町が「厄払い」の役を担っているため、一番鉾となっているからだという。二時二十分頃にはすべての町が石座神社に到着し、行列はすぐに町ごとに決められた座小屋に入る。鉾を座小屋の前に立てて一同で神社に参拝する。座小屋ではすでに宴の準備が整っており、次年度のトウヤが上五人から順にお酒を注いで回り、宴が始まる。

深夜二時四十分になると、本殿前で神事が執り行なわれる。全集落の本部役員、総代、郷頭が本殿にむかって右、神官と巫女がむかって左に並ぶ。神事では本殿前に設けられた御仮屋に献撰をする。三時、神事が執り行なわれる中、いよいよ左右の座小屋前に設けられた大松明が点火される。この頃、神事では巫女舞が拝殿で行なわれ、それが終わると各集落からの御供が供えられる。本殿への献撰が終わると社務所に御供の一部をトウヤが持っていく。

四時、神輿渡御の準備が行なわれ、五時には子ども神輿が、五時半には大人神輿がそれぞれ石座神社を発ち御旅所へと向かう。この時の鉾は、下在地、西河原、中在地、忠在地、上蔵の順である。六時半頃には御旅所に到着し、朝神事が執り行なわれ、七時には終了する。

昼神事では、午後二時に御旅所を出発し、安置されている神輿を本殿へ還御《かんぎょ》させる。まず、御幣迎えのために各町の一番和尚が下在地のトウヤ宅に向けて出発する。やがて下在地の白装束着用のトウヤとともに、各町の一番和尚が御旅所に到着すると、神輿の還幸が開始される。行列は朝神事と同じルートを通って本社へ帰る。この時の鉾の巡行順も朝神事の場合と同様である。途中二カ所で休憩を取りながら、約二時間かけて本社へ到着する。ここで神事が行なわれ、それですべての祭礼が終了する。

なお、石座神社には、大人神輿二基と子ども神輿一基があり、大人神輿は「東神輿」「西神輿」とよばれている。後には俗称として、東神輿を「男神輿」、西神輿を「女神輿」とよぶようになった。男神輿は中在地、上蔵、村松が、女神輿は西河原、忠在地、下在地がそれぞれ担いでいたが、今日では「男神輿」は渡御していない。

上記のような石座神社の火まつりを見る限り、この火の意味は、大松明の起源譚《たん》にある通り、一つには災厄や病を祓う火、すなわちケガレを祓うための火であったものと考えられる。また深夜に大松明を燃やすことから、神を神輿に迎えて御旅所へ渡御するための、いわゆる神迎えの火でもあったものと思われる。

五　むすびにかえて

以上、鞍馬と岩倉の火まつりを紹介しながら、それぞれのまつりにおける火の意味について考えてきたが、この季節に行なわれる「火まつり」の火は、先述のように、神迎え、明かり取り、空間や道の浄化、災厄の除去という意味を有していたものと考えられる。秋から冬に向かう季節には、多くの地域で種々の神まつりが行なわれるが、それに際して、村や人々に降りかかる災厄やケガレを、火の力でもって祓わんとしたかつての人々の切実な願いをうかがい知ることができるのではないだろうか。

ところで、この季節には、上記の二例以外にも火が登場するまつりが多く見られる。それは、次章で紹介する「御火焚」である。御火焚は、ある意味で京都の秋から冬を代表する火まつりである。その内容については次章で詳述したい。

第六章　御火焚と大根焚——初冬の火への祈り

一　はじめに

十一月に京の内外のあちらこちらで行なわれる「御火焚《おひたき》」や、十二月の「大根焚《だいこんだき》」など、秋から冬にかけては、京都では火に関わるまつりが実に多い。これらの火まつりは、京の人々の中に古くから息づく素朴な火への信仰の表象にほかならない。

本章では、秋から冬の京の諸行事の中でも、特に京都特有の行事である「御火焚」と「大根焚」に焦点を絞り、初冬の時期に京都で行なわれる火まつりの民俗的意味と、その背後にある人々の切なる祈りの心について考えてみたい。その際に考えなくてはならないことは、霜月すなわち旧暦十一月は冬至の月であるということだ。冬至は周知のように、一年でもっとも昼が短くなる時である。このような季節にかつての人々は何を想い、いかなる神に何を祈ったのだろうか。

二　御火焚と新嘗祭

京の初冬の行事を代表するのは御火焚である。御火焚は宮中の「庭火《にわび》」の系譜を引きながら、種々の信仰と習合しつつ今日まで続いている、京都特有の火まつりである。御火焚は、文献的には江戸時代まで遡ることができるが、もしかすると、その原型は室町時代まで遡ることも可能かもしれない。少なくとも御火焚は、近世以来続く京を代表する初冬の行事で、もともと旧暦十一月に社前で火を焚いて祝詞《のりと》や神楽《かぐら》を奏し、新穀とお神酒《みき》を供えて神を祀る行事であり、民間の新嘗祭《にいなめさい》の一種であるとも考えられている。御火焚は神社や寺院だけでなく、各町内でも行なわれ、みかんや御火焚饅《まん》頭《じゅう》などを供えて、それらを子どもたちにも分け与えるのが古くからの慣習とされてきた。

京で毎年最初に御火焚が行なわれるのは伏見稲荷大社である。新暦十一月八日、境内には三カ所の火床が作られる。まず本殿で火鑽《ひきり》神事が行なわれ、そこで鑽り出された神火を火床へ移して数十万本の火焚串が焚き上げられる。伏見稲荷大社の御火焚は

西林寺の御火焚

鍛冶屋の「鞴《ふいご》まつり」としての意味を有することが特徴だといえよう。いずれにしても、京都一のスケールの御火焚であることは疑う余地もない。

他にも、花山《かざん》稲荷神社、八坂神社、今宮神社、車折《くるまざき》神社など、多くの神社で行なわれるほか、太秦《うずまさ》広隆寺や東山区正覚庵などの寺院でも行なわれている。中でも正覚庵の御火焚祭は「筆供養」を目的として行なわれている点が特徴だといえる。さらに町内で行なわれる御火焚もある。たとえば、祇園祭の山鉾の一つである「太子山」を出す下京区太子山町では、山と町の名である聖徳太子に因んで、広隆寺に合わせて毎年十一月二十二日に、一年最後の町内の集会として御火焚が行

『十二月あそひ』「霜月」の絵（佛教大学所蔵）

なわれている。

ところで、佛教大学図書館が所蔵する、十七世紀末から十八世紀初頭頃の京都の祭事を描いた『十二月あそひ』と称される絵巻には、町家の前に小さな神輿を据え、その前で火を焚きながらさまざまな供物を供え、町内の老若男女が楽しげにひと時を過ごす様が描かれている。またその詞書に「うちより民の家々まて、庭火をたきて神をいさむ事もゆへなきにハあらす」と記されている。

江戸初期の儒医であった黒川道祐が貞享二年（一六八五）に編んだとされる『日次紀事《ひなみきじ》』の「十一月の項」には、以下のように記されている。

「この月毎神社の縁日、柴薪を神前に積み、神酒を備へ、しかる後に火を投じてこれを焼く。(中略)氏子の家もまた、その産土神の縁日をもって火焼を修す。」

また十七世紀中頃に成立したとされる俳諧《はいかい》『山之井』には、次のような記載がある。

「祇園は午の日、かの神社は申すにおよばず、下京の氏子ども、小さな神輿を町々にかきすえつつ、大道に薪を積みて御火焚きし、また時の菓物ども、神酒など奉りはべる。」

さらに正徳三年(一七一三)成立とされる俳諧歳時記『滑稽《こっけい》雑談』にも、以下のような記述が見られる。

「十一月諸社御火焼の神事あり。これ当年の新穀を初めて共進の神事なり。官符ありてこれを勤むるは新嘗祭といひ、官符なき社、その神官これを供へ奉る。神事夜分に行ふゆえに、庭燎を設く。俗、御火焚きといふ。」

このことから、近世には官符を受けた大社で行なわれる御火焚は「新嘗祭」といい、そうでない名もなき小社で行なわれるものが御火焚と称されていたことがうかがえる。

御火焚が元は旧暦十一月、つまり霜月に行なわれるのは、この月には最後の収穫祭である「新嘗祭」が行なわれることと、さらにこの月が「冬至」の月であることと深い関わりがあると考えられる。新嘗祭は皇室が中心となって行なわれる収穫祭であるが、民間で行なわれる新嘗祭は、一般に「霜月祭」とよばれる。このまつりにはさまざまな形態が見られるが、基本的には先祖に新穀を供えて収穫を感謝し、来る年の豊饒を祈願するまつりである。そして霜月下旬には冬至を迎える。冬至は一年でもっとも昼が短くなる日であることから、昔の人々はこの時期に太陽の力がもっとも衰えるものと考えていた。さらにその影響によって人間の生きるための力も枯渇してしまうと考えていたに違いない。衰弱した太陽のエネルギーを復活させ、また人間の枯渇したエネルギーを再生させるためのまつりが、ほかならぬ霜月祭であったのではないだろうか。このような一陽来福にも繋がる信仰的基盤が、御火焚や霜月神楽などの民間の新嘗祭としての霜月祭として残ったものと考えられよう。

三　霜月祭と大師講

冬至の月である霜月に行なわれるもっとも象徴的な行事は「大師講」である。大師講は、元は霜月二十三日から二十四日にかけて行なわれた行事で、この日はオダイシサマが姿を変えてこっそりと訪れる日であるから、大師粥とよばれる小豆粥を作って接待するなどという伝承が、全国の広い地域から聞くことができる。

オダイシサマとは、古くはタイシ（太子）、すなわち尊い客人神《まろうど》を意味した語であったものが、後に仏教思想の影響によって弘法大師を代表とする高僧を指すようになったと考えられる。中には元三大師や達磨《だるま》大師だという例もあり、必ずしも弘法大師と決まっているわけではない。いずれにしても、庶民にとってはめったに謁見《えっけん》することができないような高僧であることは間違いない。また大師さまは、この日には乞食のようなみすぼらしい姿をしてやってくるともいわれている。また大師さまは一本足であるとか、足がスリコギのようになっているなどという、不具者としての伝承も聞かれる。いずれにしても古い大師講の伝承には、太陽がもっとも衰える季節、すなわち冬至に、遠いところから神がやってきて人々に幸をもたらすという、日本人の原初的な信仰としての来訪神信仰を垣間見ることができるのである。

たとえば丹後半島の丹後町間人《たいざ》（現京丹後市）では、霜月二十三日をダイシコサンとも、またスリコギカクシともいい、達磨大師を祀るという。大師さまは修行によって足の先が腐ってスリコギのようになっているので、これを隠すために雪が積もるのだといわれている。また京都府船井郡和知町（現京丹波町）では、十一月二十三日をオダイシサンの日といい、オダイシサンは一本足だから必ず雪が降って足跡を隠すのだという。さらに兵庫県朝来《あさご》郡和田山町（現朝来市）では、十一月二十三日から二十四日にかけて、スリコギカクシの雪が降るという。昔、オダイシサンが村へやってきて稲の穂で作った団子を所望したが、貧しい村のお婆さんは足がスリコギのようになっていたために、田の稲を盗むとその足跡からすぐにわかってしまうので仕方なく断った。するとオダイシサンは稲を盗んでもわからないように、雪を降らせたと伝えられている（伊藤廣之 一九八六）。

このような、お大師さんが不具者の姿で村々を訪問するという伝承は広い地域で聞くことができる。また和田山町の伝承は、一般に「あと隠しの雪」と称されるが、これらは基本的に霜月二十三日の夜には尊い神がやってくるという伝承が元にあり、神の来臨を象徴的に暗示する伝承として「不具者」や「降雪」の話が付随したものと考えられる。しかし、貧しい老婆がお大師さんをもてなすために盗みをはたらこうとするが、それを憐れんだお大師様が、盗みがわからないように雪を降らせるという伝承は、仏教的な色彩を帯びたものとも考えられることから、少し後になって語られるようになったものかもしれない。

一方で、京都とその周辺地域の大師講は早くから仏教の影響を強く受けたものと思われる。御火焚の影響を受けた火の行事として伝えられ、また仏教の「施し」を目的とした大師講の例が京都府長岡京市で聞くことができる。長岡京市今里・井ノ内・馬場などでは、近年まで大師講が行なわれていた。この地域では「大師さんのお湯」ともいわれ、お風呂を沸かして人々に施し湯をすることが主な目的であった。たとえば井ノ内では、かつては一月晦日にトウヤの家で鉄砲風呂を沸かし、周りを莚《むしろ》で囲んで人々に入ってもらった。この風呂を「弘法さんのお湯」とよぶ。トウヤでは風呂に入りに来た人たちに、ぼた餅を振る舞ったという。また馬場では、かつては毎年一月二十一日を中心とした一週間の間、村内の軒のある家に頼んで前庭を貸してもらい、薬湯を沸かした。この風呂には村人はもちろん、他所の者でも誰でも入ることができたといわれている。

このように、長岡京市の大師講は一月の行事として伝えられているが、古くは秋から冬の行事であったという伝承も聞かれることから、やはり本来は霜月の行事であったことが想像できる。そこには風呂を沸かして「施し湯」をして、さらにぼた餅などの食物も提供したというところに特徴が認められる。そのことからも、この地域の大師講は、仏教でいういわゆる功徳を積むための「施し」を目的として行なわれていたことがうかがえる。

ここで、本来の霜月祭の姿をもっとも象徴的に伝えていると思われる事例を紹介したい。京の事例を中心に論を進めていることからすれば、やや唐突と思われるかもしれないが、京から遠く離れた伊豆諸島最南端の青ヶ島に、非常に興味深い霜月祭が伝えられている。

それは、昭和三十年代まで青ヶ島の大里神社で十一月二十五日に行なわれていた「デイラホン」と「エンダン」という二つの民俗芸能である。この島にはかつては舎人《しやにん》・卜部《うらべ》・巫女などのシャーマンが存在し、年間に行なわれるほとんどのまつりはこれらの舎人や巫女によって行なわれていた。霜月祭ではまず「デイラホン」のまつりが行なわれる。これは女面をつけて横たわっていた舎人が、神歌にあわせて徐々に起き上がり、ついには踊り始めるといううきわめて素朴な芸能である。「デイラホン」とは、島の古い言葉で〝母〟を意味するといわれている。つまり死んでいた〝母〟が蘇り、やがては元気に踊り出すという、まさに「死と再生」をきわめて象徴的に模擬した芸能であるといえるだろう。

その後に行なわれる「エンダン」とは「縁談」の意であり、男女二人の神役が男面と女面を交換して被り、たがいに結婚の所作、すなわち性的結合の所作を演じるという芸能である（蒲生・坪井・村武 一九七五）。新たな生命を生み出す象徴的な存在としての〝母〟が死んだ状態から徐々に起き上がり、ついには跳躍するまでに蘇るという「デイラホン」、さらに男女の性の所作を演じる「エンダン」という、青ヶ島に伝わる二つの霜月の民俗芸能は、太陽の力がもっとも衰え、それにつれて人々の持つエネルギーも枯渇した状態となる、いわゆる冬至の季節に行なわれるにふさわしいまつりであるといえる。死んだ状態の母が蘇り、さらに性の所作を演じるというこの芸能の持つ民俗的意味は、冬至を経て再び太陽の力が蘇り、同時に人々のエネルギーも徐々に復活して、やがては新たな生命の誕生、すなわち万物の豊饒に繋がってゆくという、まさに一陽来福説に依拠した人々の切なる願いを表わしているといえよう。

このように考えてみると、霜月に収穫感謝祭としての新嘗祭を行なうことの意味が少し見えてくるのではないだろうか。すなわち、実際の稲の収穫はずっと以前に完了しているにもかかわらず、なぜ霜月という遅い時期に収穫祭を催行するのか。それは、先に見た「デイラホン」や「エンダン」のまつりに象徴されるように、冬至に際して行なわれる、太陽やその他万物のエネルギーを再生させ、来る年の豊饒を祈願することを目的とした、いわゆる霜月祭に、収穫祭としての新嘗祭を合わせた結果ではないかという解釈である。現実的な収穫感謝のまつりはすでに終わっているにもかかわらず、朝廷が主催した官祭としての新嘗祭は、あえて冬至の季節に行なわれる霜月祭を待って、そこに合わせる形で催行されたことの名残りを今に伝えているのではないか。そこには、枯渇しきったエネルギーを再生させ、さらに新たな命が生み出されるとされた冬至の季節に、合わせて来る年の豊饒を祈願せんとした古い時代の人々の祈りの心が見え隠れしているように思う。

四　大根焚と来訪神

十二月になると、京ではいくつかの寺院で「大根焚」が行なわれる。鳴滝《なるたき》の了徳《りょうとく》寺《じ》や千本釈迦堂の大根焚が有名であるが、これも一面では御火焚の系譜を引く行事であると考えられる。右京区鳴滝にある真宗大谷派の了徳寺では、毎年十二月九日・十日に大根焚が行なわれる。

伝承によると、鎌倉時代の建長四年（一二五二）霜月のある日、親鸞聖人が嵯峨清涼寺と愛宕月輪寺参詣の途中に当寺に立ち寄られた際、村人たちが大根を炊いてもてなしたことに由来するといわれている。その年は不作で、村人たちは上人に差し上げる食物がないことを嘆き悲しんだが、幸いに大根だけは豊作で、収穫したての新鮮な大根を塩だけで炊いて差し上げたところ、親鸞聖人は村人たちが丹精込めて炊いた大根をたいそう喜ばれ、そのお礼として、薄《すすき》の穂を束にして筆代わりとし、「歸《き》命《みょう》盡十《じんじっ》方《ぽう》無《む》礙《げ》光如來《こうにょらい》」の十字名号を書いて寺に納められたと伝えられている。この故事に因んで、今日では報恩講の行事の一環として行なわれているのが大根焚である。

了徳寺の大根焚

いつしかこの大根には中風《ちゅうふう》除けの効験があるとの伝承が生まれ、近年では京内外から大勢の参拝者があり、毎年三千本の大根を準備し、檀家の人たちが徹夜で大根を煮て当日に備えているそうだが、大根は二日間で間違いなく出尽くすといわれている。なお、親鸞聖人が書かれたという名号の掛け軸は今も大切に伝えられ、大根焚当日には本堂に掛けられる。また本堂の裏には、親鸞聖人が筆にしたという薄に因んで、「薄塚」が祀られている。

また上京区にある真言宗大報恩寺（通称千本釈迦堂）でも、十二月七日と八日に大根焚が行なわれる。ここでは釈尊が六年間に及ぶ苦行の末に、ついに菩提樹の下で悟りを開かれたと伝えられる十二月八日に因み、その前後の七日と

了徳寺で振る舞われる大根

八日に、今日では成道会の一環として大根焚が行なわれている。伝承によれば、鎌倉時代に慈禅上人が大根に梵字《ぼんじ》を書いて魔除けにしたことから始まったと伝えられているが、この寺では了徳寺の親鸞上人の来臨に類する伝承は聞かれない。しかしここでも了徳寺と同様に、この日に大根を食べると無病息災といわれていることから、毎年大根を求めて参拝する人々が長蛇の列を作る。なお千本釈迦堂で用いられる大根は、本来は京都特有の聖《しょう》護院《ごいん》大根とよばれる丸大根だが、この大根は柔らかいために長い間煮ると崩れてしまうことから、近年では普通の長大根を用いているという。

了徳寺に伝わる親鸞聖人のような高僧が地域へ来訪したとする伝承には、前節で紹介した「大師講」の行事と共通するものがあり、大根焚にも、冬至が近いこの時期に遠いところから神々がやってきて人々に何らかのメッセージを残してゆくという、古い来訪神の信仰を垣間見ることができる。

この時に訪れ来る神仏は、弘法大師や親鸞聖人などすべて普通では滅多に謁見することができないような偉大な存在であり、このような高僧がまさに来訪神と同様の存在としてとらえられているのである。そしてこのような偉人、すなわち異界からやってくる神的存在は、人々に何らかのメッセージを残してゆくのであり、了徳寺の伝承では、それが親鸞聖人の直筆といわれる十字名号である。また来訪神、すなわち親鸞聖人への施し物、供物として、京都ではこの季節を代表する野菜としての大根がクローズアップされたのではないだろうか。その意味では、元は火を焚くということが重要であり、その点からすれば、御火焚の系譜を直接に引く行事であると考えられる。それが後に、来訪神への供物としての

親鸞直筆とされる十字名号
（了徳寺）

大根が注目されるようになり、大根を食することが本義であるかに考えられるようになったのだろう。しかしこの行事は、伝承や内容から考えれば、やはり御火焚の変形であり、かつ広義の意味での大師講の一類型であるといえるだろう。

五　むすびにかえて

以上、京で行なわれる晩秋の行事の中で、特に霜月に行なわれる「御火焚」と「大根焚」に焦点を絞って、行事の内容とその背後に見え隠れする民俗信仰について考察してきた。ここではそれらを振り返りながら、霜月の行事にたびたび登場する火の民俗的意味について、改めて考えてみたいと思う。

前章で紹介した七点の火の民俗的性格や機能から考えて、京の霜月の行事に登場する火は、いかなる意味を有するものだろうか。基本的に「御火焚」や「大根焚」の火は、神迎えとしての火、また神への献火を意味する火という民俗的意味を有していたのではないかと考えられる。さらには、空間を浄化するという、いわゆる清めの役割を有していたとも思われる。その背景には先述したとおり、霜月が冬至の月であるという人々の意識が見え隠れしている。つまり、冬至という太陽のエネルギーがもっとも衰微し、それに合わせて人々の生命力がもっとも枯渇する季節に、火を用いて神仏を招き、万物の命の再生を願ったのではないか。そこに招かれた神仏は、まさに日本の古くからの神観念に即した来訪神だったのである。さらに衰えきった太陽のエネルギーを再生させるためにも、火の力が必要であったと考えるべきだろう。このような素朴な信仰の上に、やがて仏教思想が大きな影響を与え、特に京では、訪れ来る神仏が弘法大師や親鸞上人のような高僧として語られるようになり、さらに霜月祭の中に仏教の「施し」の思想が影響を与えて、今日見られるような大師講や大根焚の行事が形成されたのではないかと考えることができよう。その意味では、京の霜月祭は今日でこそ仏教的な色彩が色濃く見られる行事として定着しているが、元を辿ってゆけば、火を用いて神仏を招いて祀り、火の力で万物の再生を願うという、きわめて素朴な民俗信仰に行き着くのではないかと思われるのである。

ところで、今日の新暦の感覚においては、冬至は十二月の行事であり、冬至が終わればすぐに新しい年を迎えるものと思いがちだが、旧暦の感覚では、冬至はあくまでも霜月の行事であり、そこにさまざまな霜月祭が集中的に行なわれていたのである。

そして冬至が終わっても、年が明けるまでにはまだ一カ月以上の月日を要した。とすれば、旧暦における霜月の次に来る十二月、すなわち「師走」とはいかなる意味を有する月だったのだろうか。このような本来の師走の意味は、まさに新暦に慣れ親しんでいる現代人には忘れ去られた感覚だといえるだろう。

筆者は、旧暦の師走は「大祓え」のための月であったのではないかと考えている。近世には、京都でも師走に大祓えを意味する種々の行事が行なわれていたことをうかがい知ることができ、さらに今日まで、そのいくつかの行事は継承されているように思う。この点に関しては次章で詳述したい。

第七章　大祓えと悔過

——師走から正月の営み

一　はじめに

前章で述べたように、霜月は冬至の月であり、そこではさまざまな火まつりが行なわれていた。

ならば師走、すなわち旧暦十二月は、いかなる意味を有する月だったのだろうか。筆者は、師走とは、元来「大祓え」のための月だったのではないかと考えている。近世までの京では、師走には朝廷を中心として大祓えという行事が行なわれていた。これは人間や家屋、その他の生活空間にしみついた〝罪〟や〝ケガレ〟あるいは〝厄〟などを祓い清めるための儀礼で、それが民間にも波及し、その過程で本来の意味が忘れられて、溜まった煤や埃を払う大掃除の意味に解されるようになった。本来の大祓えは、人間をはじめとする諸々の心身を祓い清め、私たちが住む世界の更新を図ることが目的だったのである。

本章では、師走から正月の季節に行なわれるさまざまな大祓えの行事について、特に師走に寺院で行なわれるかくれ念仏と仏名会《ぶつみょうえ》、さらに年明けの修正会《しゅしょうえ》や修二会《しゅにえ》で行なわれる悔過《けか》の行事について取り上げてみたい。

二　六波羅密寺のかくれ念仏

師走の十二月十三日から大晦日にかけて、六波羅蜜寺で行なわれる「空也踊躍念仏《くうやゆやく》」は、元は「かくれ念仏」と呼び習わされていた。その名の通り、まさに人知れずひっそりと秘密裏に行なわれていた念仏である。西国三十三ヶ所観音霊場の第十七番札所とされる六波羅蜜寺は、十世紀に空也上人によって開創されたと伝えられる古刹である。空也上人は高僧として名高い平安時代のすぐれた民間宗教者である。幼少の時から諸国を遊行し、道路の修復や橋の建設などにはげみ、野に遺棄された死者があれば念仏を唱えて供養をしたと伝えられている。空也上人は京の都でも市井に隠れて活動し、貧者や病者の救済に尽力したので「市の聖」ともよばれた。

天慶五年（九五二）、都で疫病が大流行し、多数の死者が出たので、空也上人はその救済に立ち上がり、一体の十一面観音菩薩像を造立して悪疫を鎮めようとした。その観音像を安置したのが東山の西光寺、すなわち後の六波羅蜜寺である。六波羅蜜寺がある地は町名を「轆轤町《ろくろ》」という。この地名の由来に関しては第二章でも紹介したが、これは「髑髏《どくろ》」、すなわちしゃれこうべに因むものであるともいわれ、東山の山麓に広がる鳥辺野の墓地の入り口にあたる場所である。空也上人はちょうどこの世とあの世の境にあたる場所に、観音像を安置したのである。六波羅蜜寺は空也上人の弟子であった中信の時に天台宗の末寺となるが、十六世紀末には真言宗に改宗する。それとともに信仰においても室町時代には福神的な観音信仰が主流となり庶民の篤い信仰を集めるようになる。

「かくれ念仏」は空也上人が疫病退散を願って唱え踊った、いわゆる踊り念仏に端を発するといわれている。それが鎌倉時代には「念仏」は弾圧の対象となり、特に天台密教は念仏を厳しく取り締まった。そのため、踊り念仏は周囲に知られないように、密かに行なわれるようになったという。しかし実際に弾圧されたのは、浄土宗の宗祖である法然が唱えた「専修念仏」、つまり阿弥陀一仏のみに帰依するという教義に基づく念仏であり、念仏そのものは大乗仏教での基本的修行であり、中世には各宗派で行なわれていた。しかし、法然が立てた「専修念仏」はそれまでの念仏と異なり、各宗派から仏教の破壊、異端として批判され、弾圧の対象とされた。

このような背景を有するかくれ念仏は、あくまでも密かに行なわれた念仏であるゆえ、今でも夕暮れの本堂内陣で、動作は当時のままに密やかに行なわれている。外から聞かれても念仏だとわからないように「南無阿弥陀仏」ではなく、「モーダーナンマイトー」と唱え、すぐに止めることができるといわれている。かくれ念仏の所作は、鉦を打ちながら頭を下げてかがんだ姿勢で身体を左右に揺らしながら、ゆったりとした動作で行なわれる。導師による「おかっしゃい」という合図があれば、すぐに堂内の奥に駆け込み、念仏を唱えていたことを悟られないようにする。まさに弾圧から逃れるために秘法であったことを髣髴とさせるものである。かくれ念仏は、このように十三日

六波羅蜜寺かくれ念仏（六波羅蜜寺提供）

から毎日行なわれ、いよいよ大晦日に結願する。そして新しい年を迎えることになる。

このような六波羅蜜寺のかくれ念仏は、先述の通り、空也上人による疫病退散を願って行なわれた踊り念仏を起源とするという伝承から、当年の罪やケガレを念仏の力によって祓い、来る新年の幸を祝う、まさに大祓えと同様の意味を有する仏教行事だったのではないかと考えられる。

三　知恩院の仏名会

浄土宗総本山の知恩院では、十二月二日から四日まで、阿弥陀堂において仏名会が行なわれる。仏名会は別称「納骨仏名会」ともよばれるように、年内に納骨された死者たちの霊を供養することが目的とされている。中世仏教史研究の権威である今堀太逸によれば、知恩院の仏名会は室町時代の応仁の乱で中断するが、江戸時代の正徳二年（一七一二）に復興されたという。やがて明治維新で再び中断するが、明治三十一年（一八九八）には復興されて今に至っている（今堀太逸　一九八九）。

室町時代には、仏名会は「仏名懺悔《さんげ》」とよばれ、年の暮れに過去・現在・未来の三千仏の名を唱えて、一年間の罪やケガレを懺悔することを目的として行なわれていたという。これは換言すれば、仏教でいう滅罪信仰としての「仏名悔過」の行事だったということができるだろう。今堀の研究に依拠すれば、奈良時代には共同体の災いを祓うための儀礼として、寺院において年末と年始に悔過の行事がよく行なわれていたという。特に吉祥天《きっしょうてん》に対する「吉祥悔過」がいっさいの罪を滅ぼすとされていた。

このように、歳末に寺院で行なわれる悔過を意味する行事は、宮中の大祓えと共通する儀礼であると考えられる。そもそも悔過とは、仏教において三宝に対して自ら犯した罪や過ちを悔い改めることを意味する。さらに悔過を行なうと同時に利益を得ることを目的として行なう儀式・法要などの行事のことを指す場合もあるといわれている。対象となる本尊は、薬師如来である場合には「薬師悔過」、吉祥天である場合には「吉祥悔過」、観音菩薩である場合には「観音悔過」と称した。平安時代中期には悔過と称する行事は衰退していくが、代わって年明けに行なわれる修正会や修二会などが悔過の行事として行なわれるようになる。現在も奈良の東大寺二月堂で行なわれている修二会（お水取り）は、二月堂にある十一面観音に対する「十一面観音悔過」としての性格を有している。

ところで、仏名悔過の儀礼には導師として奈良や京都の名高い高僧が招聘された。これらの導師たちが東西に馳せ走ることから、旧暦十二月は「師走」とよばれるようになったという説を今堀が紹介しているが、おそらく師走の語源はそこにあるのだろう。

ところで、知恩院では年末の十二月二十五日には、御影堂《みえいどう》に安置されている法然上人像の御身拭《おみぬぐい》式が行なわれる。一年間に積もった汚塵《おじん》を浄土門主みずから祓い清める法会である。

この御身拭式は江戸時代初期の慶安三年（一六五〇）に始まったといわれている。信徒にとっては、法然上人像を間近に拝む一年に一度の機会であり、浄土門主が御身拭に使用した布は、信仰の篤い信徒に「御身拭袈裟」として授与される。このような法然上人像の御身拭式も、また歳末の大祓えとしての意味を有していると考えられる。

四　庶民にとっての大祓えと節季候

師走には、宮中や大社を中心として大祓えの行事が行なわれていた。これは先述の通り、本来は人間や家屋、その他の生活空間にしみついた〝罪〟〝ケガレ〟〝災厄〟な

『十二月あそひ』「師走」の絵（佛教大学所蔵）

描かれた節季候（佛教大学所蔵『十二月あそひ』「師走」より部分）

どを祓い清めるための、きわめて宗教的、象徴的な儀礼であった。

大祓えと同様の意味を有する行事は、宮中や神社だけではなく、前節までで紹介したように寺院行事としても行なわれていた。しかしいずれにせよ、一般庶民はどちらにも関わる機会は稀であったに違いない。とすれば、京の都に住む多くの庶民たちは、いかにして一年の罪や災厄、ケガレを祓ったのだろうか。

佛教大学所蔵の『十二月あそひ』という近世初期の絵巻物の「師走」の絵の中に、「節季候《せきぞろ》」とよばれる人たちが登場する。その詞書《ことばがき》として次のような記載がある。

「年月暮て、節季候とおとりはねて、物をこふところもあり。ことのいそかはしきに、とりくはへて、うたてしくもおかしかりけり。」

「踊りはねて、物を乞うところもあり」ということから、節季候とは、年の暮れに家々を廻って何らかの芸能を披露する、門付けの芸能民だったことがうかがえる。これは「せきぞろせきぞろ、めでたいなー」などと唱えながら家々の門口で歌い踊る芸能民で、このような役割は中世以来、雑種賤民《せんみん》の仕事とされた。四人ほどが一組となり、裏白を頭に載せ、布で顔を覆い、肩から細長い袋状のものをさげて家々を廻ったようである。年末年始の諸芸能は、千秋万歳や大黒舞などを中心とするいわゆる「祝芸《はふりげい》」であり、節季候もその一種だと考えられる。裏白を頭に載せていることが興味深く、裏白が正月の注連《しめ》飾りに使用されることから、祓いの意味があったものと考えられる。
江戸時代初期の貞享二年（一六八五）に著されたという『日次紀事』の十二月十二日の項に次のような記載が見られる。

「今日より乞人笠の上にしだの葉を挿し、赤布巾を以て面を覆い、両目を出、二人或は四人相共に人家に入りて庭上に踊を催し、米銭を乞、是謂節季候、則節季歳暮を告る詞也、倭俗候の字也の字に代りて之を用ふ、二十七、八日に至て止む。」

これによれば、節季候は十二月十二日から二十七日あるいは二十八日まで、京の市中を廻っていたことがわかる。また節季候の語源については、「節季歳暮を告る詞」に由来することもわかる。京にくらす庶民たちは、節季候のような芸能者に一年の罪やケガレを託すことで、自ら「祓え」をしていたのではないだろうか。年末の門付け芸能は庶民たちにとっての大祓えの一形態だったのではないかと考えられる。

ところで、芸能史や民俗芸能研究の権威である山路興造は、その論考の中で、節季候に関する詳細な分析を試みている。すなわち山路は、近世以前の被差別民はその系譜や職掌《しょくしょう》より「散所系《さんじょ》」と「河原者系」に別けることができるとした上で、節季候は後者の「河原者系」に属する被差別民であり、その職掌はキヨメ、すなわちケガレを除去することにあったとする説を提示している（山路興造 二〇一〇）。そして「節季候とは、一年の終わりである歳末に、河原者が自分たちの受け持ち区域の家々を、個別に訪れて一年間のケガレの除去など、彼らが果たしてきた仕事に対する報酬を徴収して廻るひとつの方式であった」という。さらに続けて次のように述べる。

「節季候は芸能民ではない。また物乞いでもない。人々が嫌う穢れた仕事を一手に担当させられた当然の対価を、歳末という世間が労働の対価を清算する時期に徴収して歩く、当然の行為なのである。異相の異人に扮し、節季の到来を告げるという行為に、彼らなりの工夫があるとしても、それは宗教芸能者の行為とも、また物乞いの行為とも異なる、まっとうな歳末の風景だったのである。」

このような山路の学説は確かに説得力があるといえるだろう。山路の学説に依拠すれば、節季候は必ずしも芸能民ではなく、人々のケガレの除去を一身に託された被差別民であったことになる。だからこそ京に住む庶民たちにとって、節季候は自らの罪やケガレを祓うためになくてはならない存在なのであり、その意味においては、歳末の節季候の行為は、広義の大祓えに相当するものだといえるのではないだろうか。

五　修正会に見られる悔過

日野の法界寺は、裸踊りで著名な寺院である。法界寺の小正月は、裸踊りで大いなる賑わいを見せる。裸踊りは正月元旦から二週間にわたる修正会の結願日、すなわち正月十四日に行なわれる行事である。修正会とは、年のはじめに罪やケガレを祓い、五穀豊穣や無病息災を祈願する寺院で行なわれる民俗行事で、滋賀県などではオコナイとも称される。

基本的には寺院の年頭行事であるが、かつては神社でも行なわれた。正月に行なえば修正会、二月に行なえば修二会と呼び分けられているが、行事内容に大差はない。

法界寺裸踊り（井上成哉氏提供）

いずれにおいても精進潔斎《しょうじんけっさい》が最重視される行事で、厳重な精進の心が求められる。修正会の中心をなすのは、師走の行事と同様に「悔過」の儀礼である。本尊によって、「吉祥悔過」や「薬師悔過」などとよばれる。その意味で、法界寺の修正会は「薬師悔過」の行事であるといえる。

修正会の最終日である結願日には、種々の呪術的儀礼が見られるが、法界寺においては、参詣者たちに霊験あらたかな牛玉宝印《ごおうほういん》の授与が行なわれる。すなわち裸踊りの本義とは、男たちが潔斎の証として裸になり、祈願の象徴である牛玉宝印を奪い合う行為であるということができるだろう。

十四日、薬師堂の仏前には裸踊りの褌《ふんどし》として使用される晒木綿《さらしもめん》と牛玉宝印が供えられる。また餅や花のほかに、人参・牛蒡・大根を棕櫚《しゅろ》の葉で結んだ供物も並ぶ。これは「生御膳《なまごぜん》」とよばれ、法界寺へ供物を届けた地域の家々へ、翌十五日にお返しとして配られる。かつては、裸踊りに参加できるのは旧日野村の住人だけであったが、近年は参加の範囲を拡大し、日野小学校区の人々はすべて参加できることになった。

夕刻より薬師堂では修正会の法会が営まれ、まず小学生たちの裸踊りが行なわれた後、いよいよ大人たちによる裸踊りが始まる。参加者たちは、境内の井戸で水垢離《みずごり》を行ない、仏前に供えられた晒木綿の褌を着け、阿弥陀堂の広縁にて、両手を高く掲げて合掌しながら背中合わせになって揉み合い、「頂礼、頂礼（チョウライ、チョウライ）」という掛け声を連呼しながら激しく床を踏みつける。やがて法会を終えて僧侶たちが薬師堂から出てくると、かつては人々に向かって牛玉宝印が投げられ、参拝者たちはそれをいっせいに奪い合った。しかしこれはかなりの危険をともなうために今日では行なわれておらず、牛玉宝印は後で希望者に販売されることになった。

このような裸踊りや裸まつりの名でよばれる祭事は全国に見られるが、その多くは正月の修正会の行事の一環として行なわれている。護符が入った蘇民袋を奪い合う、岩手県水沢市の黒石寺蘇民祭、森の天狗から授かるとも伝えられている宝木を取り合う、岡山県西大寺の会陽《えよう》、牛玉札を激しく奪い合う大阪市四天王寺のドヤドヤなど、あげれば枚挙に暇がない。

ところで、裸の男たちが奪い合う牛玉宝印とは、主として密教系の寺院で、修正会や修二会の際に僧侶や参拝者たちに配られる厄除けの呪符で、元来は、法会の最中に木版刷りされた紙に、牛の胆石である「牛黄《ごおう》」を混ぜた朱印を捺したものを意味した。法界寺では、印字された牛玉宝印に薬師如来の梵字を捺し、それを柳の木に挿して参拝者に配っていたが、今では柳が入手しにくいことから、代わりに竹が用いられている。柳は古くから呪力が宿る樹木とされ、牛玉杖といえば決まって柳が用いられた。牛玉宝印は、たとえば中世において、第三者との契約を神仏に誓う際の起請文《きしょうもん》の料紙として用いられたり、また農村では田の水口に立てて虫除けにするなど、さまざまな呪力を有する護符である。

裸踊りや裸まつりでは、牛玉宝印の奪い合いに加えて、裸で押し合いをしながら激しく足踏みすることにも注目する必要がある。これは修験道の影響を受けた反閇《へんばい》という所作からくるもので、大阪四天王寺の修正会が「ドヤドヤ」とよばれるように、床を強く踏むことで、地中の悪鬼を撃退する意味があったことも忘れてはならない。反閇を行なうということも、男たちが裸になる大切な理由の一つだったのである。このように、修正会に行なわれる裸踊りは、まさに正月に行なわれる大祓えの一形態だといえるだろう。

六　むすびにかえて

以上見てきたように、一昔前の京の人々は、年末年始、さまざまな方法を用いて、懸命に自らの罪やケガレを祓うことに努めたのである。ところが今日では、多くの人が自らの罪やケガレを省みることもなく、ただ新年の初詣でさまざまな現世利益を祈願するのみである。それは、もともとの師走という月の意味を現代人たちが忘れてしまったことに依るものかもしれないが、必ずしもそれだけではないように感じる。すなわち、現代社会のすべてのくらしの中に、回顧や内省といった心情を改めて意識する機会があまりにもなさ過ぎることが原因ではないのだろうか。

先人たちが伝えてきた「大祓え」や「悔過」という、現代社会とはまるで縁のないような営みだが、今日を生きる私たちがその意味を深く再考し、少なくともそれに代わる、何らかの内省の機会を持たなくてはならないのではないかと思う。

参考文献一覧

池田和彦「宗家（相神浦）松浦氏ゆかりの寺院・神社」『松浦党研究』七、一九八四年
伊藤廣之「大師講と霜月祭」『仏教民俗学大系』六「仏教年中行事」名著出版、一九八六年
今堀太逸「仏名会と御身拭式」『仏教行事歳時記十二月　除夜』第一法規、一九八九年
岩田英彬『京の大文字物語』松籟社、一九九〇年
植木行宣『山・鉾・屋台の祭り』白水社、二〇〇一年
植木行宣「盆行事と火の風流」『京都の夏祭りと民俗信仰』昭和堂、二〇〇二年
江守五夫『日本の婚姻』弘文堂、一九八六年
小野重朗「正月と盆」『日本民俗文化大系』九「暦と祭事」小学館、一九八四年
河原正彦「祇園祭の上久世駒形稚児について」『文化史研究』十四、一九六二年
蒲生正男・坪井洋文・村武精一『伊豆諸島』未来社、一九七五年
五来　重『宗教歳時記』角川書店、一九八二年
高取正男『女の歳時記』法蔵館、一九八二年

高橋昌明『京都〈千年の都〉の歴史』岩波新書、二〇一四年
村上忠喜「鞍馬火祭」『Re』第一五〇号、財団法人建築保全センター、二〇〇六年
八木透編『京都の夏祭りと民俗信仰』昭和堂、二〇〇二年
八木透編『京都愛宕山と火伏せの祈り』昭和堂、二〇〇六年
八木透監修・鵜飼均編『愛宕山と愛宕詣り』京都愛宕研究会、二〇〇三年
柳田国男「遠野物語拾遺」『柳田国男全集』第二巻、筑摩書房、一九九七年
柳田国男「柱松考」『柳田国男全集』第十九巻、筑摩書房、一九九九年
山路興造『京都芸能と民俗の文化史』思文閣出版、二〇〇九年
山路興造「節季候考」『年中行事論叢』岩田書院、二〇一〇年
和歌森太郎「柱松と修験道」『和歌森太郎著作集』第二巻、弘文堂、一九八〇年
脇田晴子『中世京都と祇園祭』中公新書、一九九九年

あとがき

私は京都生まれの京都育ち、生粋の京都人である。父方は祇園祭鉾町で、近世から続く白生地問屋の家筋であったと聞いている。二〇一四年に一五〇年ぶりに復活した大船鉾の町内に店があったそうだが、終戦間近の時期に商売をやめてしまったために、父は北区へ越してきて、そこで母と結婚して、やがて私が生まれた。一方、母は東京生まれで、京都へ嫁いでも東京への想いを生涯捨てることなく、七十三歳で他界するまで一度たりとも京ことばを話したことがない、頑固な女性だった。私も子どもの頃は母の影響を強く受け、京都よりも東京に憧れを抱いていた。しかし民俗学を志してからは、京都のことを知らずして日本の民俗を語ることができないことを悟り、以後は京都人であることを誇りに思い、京都人であることを売りにするようになって今に至っている。

そんなわけで、私は祇園祭の鉾町に暮らしたことはないのだが、今から二十年ほど前に親しい友人が善長寺町に建つ綾傘鉾のお手伝いをすることになり、それならということで、私を勧誘した。それが縁で、私とその友人ともども、今日まで綾傘鉾保存会の理事を務めている。また愛宕山とも奇妙な縁があり、私はもともと山登りが好きで、若い頃にはアルプス登山の足ならしによく愛宕山へ登っていた。そんなこともあって、京都愛宕研究会という小さな市民団体が結成される際に、成り行き上、私が会長に就任することになった。本文中でも紹介したが、二〇一四年に私は会長職を辞したが、以後も一会員として活動を続けている。さらに、五山送り火の一つである鳥居形松明送り火とも縁あって、十数年ほど前に保存会のメンバーにしてもらい、今に至っている。このように不思議なご縁の連鎖により、ふと気がつけば、私は何時の間にか京の伝統民俗行事を守り支える立場にいたのである。ゆえに私は、研究者として客観的な目で京都の民俗行事や民俗芸能の特質や変遷過程について探る一方で、まつりや行事の担い手として、それらを保存・継承してゆく立場でもある。このようなちょっと特異な立ち位置にいる者として、いうならば二足のわらじを履く者にしか描けない京のまつりや行事の姿を、京を愛する多くの人たちに伝えることができればという想いが本書誕生の契機となった。よって、本書には私独自の視座から眺めた京のまつりと諸行事の様相をできるだけ織り込んだつもりである。

本書に納めた七編の小論は、これまで私が書き溜めてきた論文やエッセー、あるいは大学の講義に用いるために作成した教材を基礎としている。本書に収録するに際して、ほぼすべての論考に、大幅な加筆・修正を加えた。よってほとんど原型を止めていないものもある。しかしこれまでの足跡を確認するためにも、以下に元となった論考名を紹介しておくことにしよう。

序　章「京の四季とまつり」書き下ろし

第一章「祇園祭」書き下ろし

第二章「六道参り」

本章は「京都における水の信仰と他界観」（池見澄隆編著『冥顕論』法蔵館、二〇一二年）を元として、大幅に修正を加えた。

第三章「愛宕山と愛宕信仰」

本章は「火をめぐる民俗信仰――火伏せの神々の系譜」（『季刊悠久』第一〇四号、おうふう、二〇〇六年）および「佐世保の愛宕信仰」（『佛教大学アジア宗教文化情報研究所紀要』第二号、二〇〇五年）の一部を元にして、大幅に加筆・修正を加えた。

第四章「松明行事と風流」

本章は「風流化する火――松上げと十二灯の伝承と変遷」（関山和夫博士喜寿祈念論集『仏教・文学・芸能』思文閣出版、二〇〇六年）を元に、大幅に加筆・修正を加えた。

第五章「鞍馬と岩倉の火まつり」

書き下ろし。ただし岩倉の事例に関しては「石座神社例大祭」（『京都・剣鉾のまつり調査報告書二・民俗調査編』二〇一四年）の一部を元にして、大幅に修正を加えた。

第六章「御火焚と大根焚」

本章は「京における初冬の行事と火への祈り」（福原隆善先生古稀記念論集『仏法僧論集』山喜房佛書林、二〇一四年）を元に、大幅に加筆・修正を加えた。

第七章「大祓えと悔過」書き下ろし

私が京都をテーマにした書物を上梓するに際しては、先述したように、祇園祭綾傘鉾保存会、京都愛宕研究会、鳥居形松明送り火保存会における活動と、それら諸団体の人たちとの交流と情報交換が大きな原動力になったことは間違いない。これら各団体のすべての皆さんに心から感謝の意を表したい。さらに佛教大学において「祇園祭研修」や「ゼミ」などの授業において、私と縁を結んでくれた数え切れない学生諸氏との交わりが、私が研究を続けてゆくにおいて大きな力を与えてくれた。特に七月の蒸し暑い中、綾傘鉾へボランティアスタッフとして参加してくれた数多くの学生諸氏との思い出は、これからも消えることなく私の心に残るだろう。これらの学生諸氏に対しても、衷心より感謝したい。さらに、本書の企画・編集から刊行まで、いつもながら多大なご尽力をいただき、美しい書物に仕上げていただいた昭和堂編集部の松井久見子氏に対して、心より御礼を申し述べたい。

最後になるが、本書執筆のための調査には、二〇一三年度に佛教大学からいただいた特別研究費を使用した。ここに記して感謝の意を表したい。

師走の研究室にて　八木　透

■著者紹介

八木　透（やぎ とおる）

1955年京都生。

同志社大学文学部卒業、佛教大学大学院博士後期課程満期退学。

専門：民俗学。博士（文学）。

佛教大学歴史学部教授、世界鬼学会会長、日本民俗学会元理事、京都民俗学会理事・事務局長、祇園祭綾傘鉾保存会理事、京都府・京都市文化財保護審議委員　他、多数歴任。

主要著書および論文
『婚姻と家族の民俗的構造』（2001年、吉川弘文館）
『図解雑学こんなに面白い民俗学』（2004年、ナツメ社）
『京都愛宕山と火伏せの祈り』（2006年、昭和堂）
『男と女の民俗誌』（2008年、吉川弘文館）
『新・民俗学を学ぶ』（2013年、昭和堂）
『日本の民俗信仰を知るための30章』（2019年、淡交社）
他、多数

京のまつりと祈り
――みやこの四季をめぐる民俗

2015年5月16日　初版第1刷発行
2025年3月1日　初版第3刷発行

著　者　八木　透
発行者　杉田　啓三
〒607-8494 京都市山科区日ノ岡堤谷町3－1
発行所　株式会社　昭和堂
振込口座　01060-5-9347
TEL(075)502-7500／FAX(075)502-7501
ホームページ http://www.showado-kyoto.jp

印刷　亜細亜印刷

ISBN 978-4-8122-1511-1

桑山敬己 著
世界が見たキモノ
――オリエンタリズムとエロチシズムの文化人類学
定価3190円

中西 仁 著
神輿舁きはどこからやってくるのか
――京都にみる祭礼の歴史民俗学
定価3300円

八木 透 編
新・民俗学を学ぶ
――現代を知るために
定価2640円

八木 透 編
京都愛宕山と火伏せの祈り
定価2640円

丸山俊明 著
京《みやこ》のまちなみ史
――平安京への道 京都のあゆみ
定価2530円

伊藤正人 著
築百年京町家再生奮闘記
定価1980円

昭和堂刊
（表示価格は税別です）